GRANDS TEXTES
DE
L'ANTIQUITÉ

Choix des textes établi par :
Marie-Thérèse DAUDEVILLE,
Agrégée de Lettres Classiques,
Anne GARRIGUE,
Certifiée de Lettres Modernes

Dossier pédagogique
réalisé avec la collaboration de
Marie-Thérèse PATARIN,
Agrégée de Lettres Classiques

D1369215

© Editions MAGNARD, 1996

AVANT-PROPOS

Ce recueil offre à la lecture d'un jeune public un ensemble de textes qui, par-delà leur singularité, constituent le fonds commun de notre héritage culturel le plus lointain.

Il se veut conforme aux dernières directives ministérielles qui prescrivent, parmi les lectures au programme, des extraits de la *Bible,* de l'*Odyssée,* de l'*Énéide* et des *Métamorphoses,* en « *rapport avec l'ensemble de ces œuvres* ».

Les textes sont accompagnés d'un dossier pédagogique qui, sans faire ombrage à une lecture intime, vise à élucider quelques éléments clés du contexte et à susciter un premier questionnement.

Le choix des extraits proposés s'est fondé sur les principes indissociables : « instruire, plaire, émouvoir ».

Dans chacune de ces œuvres « matrices » nous avons privilégié leur caractère inaugural. De la *Bible,* nous avons mis en lumière des figures et des scènes emblématiques, celles qui, au cours des siècles, ont forgé nos mentalités, nourri notre réflexion, approfondi notre vie intérieure. Mais ce grand livre nous ramenant aussi aux sources de la poésie, nous en présentons quelques « joyaux ».

Dans l'*Odyssée* et l'*Énéide,* nous avons privilégié une continuité narrative puisque l'épopée, ce genre à l'origine de tous les autres, est d'abord un récit. De plus, ce choix de présentation, assez attrayant, permet à de jeunes lecteurs d'entrer plus aisément dans l'univers épique avec ses dieux, ses héros, ses images poétiques qui ont façonné notre imaginaire.

Dans les *Métamorphoses,* négligeant cette fois la trame du récit, nous avons retenu quelques histoires exemplaires du rapport étroit qu'entretiennent la fiction et la vie.

Nous souhaitons qu'en remontant aussi loin dans le temps, nos élèves s'approprient peu à peu les références d'une culture commune – judéo-chrétienne et gréco-latine – qui leur permettront de mieux comprendre et de mieux goûter les œuvres d'art (littérature, peinture, musique...).

Nous souhaitons également que, nourris de la connaissance du passé, ils sachent, progressivement, se doter d'un regard averti sur leur propre époque pour mieux résister aux pièges de l'éphémère, et mieux discerner les enjeux de leur avenir.

Le bassin méditerranéen aujourd'hui

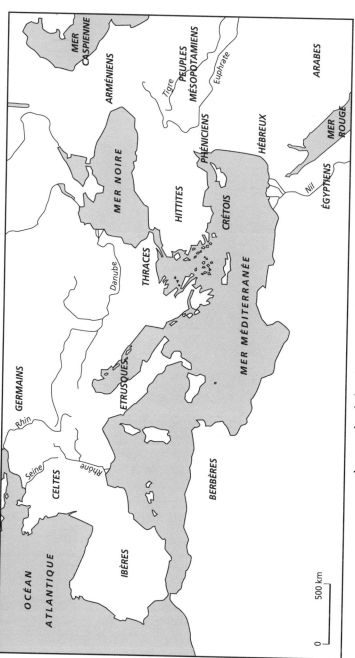

Les peuples du bassin méditerranéen dans l'antiquité

La Bible

INTRODUCTION

La *Bible* – en grec, *ta biblia,* les livres – est un recueil de textes tenus pour sacrés par les religions juive et chrétienne.

La *Bible* est fort complexe car elle rassemble des textes d'époques, de traditions et d'auteurs très divers.

Les textes les plus anciens ont été rédigés vers le XIe siècle avant notre ère, c'est-à-dire lorsque a été inventée l'écriture alphabétique. Les plus récents datent de la fin du premier siècle de notre ère. La rédaction de la Bible recouvre donc plus d'un millénaire.

La plupart des genres littéraires de l'Antiquité y sont représentés : mythes, légendes, récits historiques, code de lois, proverbes, poèmes...

*

La bible hébraïque est composée de trois grands ensembles :
1. La **Loi** (ou ***Torah*** en hébreu) qui regroupe les cinq premiers livres *(Genèse, Exode, Lévitique, Nombres* et *Deutéronome).*
2. Les **Prophètes**, avec deux sous-ensembles de textes :
• Josué, Juges, Samuel, Rois
• *Isaïe, Jérémie, Ézéchiel* (ainsi que *Jonas* dont vous lirez un extrait dans cet ouvrage).
3. Les **Écrits** : *Psaumes, Proverbes,* livre *de Job, Cantique des cantiques...*

*

Pour les églises chrétiennes les livres bibliques comportent deux grands ensembles :
1. L'**Ancien Testament ;**
2. Le **Nouveau Testament.**
Testament ayant le sens de pacte, d'alliance entre Dieu et les hommes.

L'Ancien Testament regroupe, ordinairement, quatre ensembles :

1. **Les cinq premiers livres,** réunis sous le nom de **Pentateuque** ;

2. **Les livres historiques** *(Josué, Juges, Ruth, Samuel, Rois ; Chroniques... Judith, Esther...)* ;

3. **Les livres poétiques et de sagesse** *(Job, Psaumes, Proverbes, Ecclésiaste, Cantique des cantiques, Ecclésiastique).*

Le Nouveau Testament regroupe les textes fondateurs du christianisme, définitivement fixés vers la fin du premier siècle de notre ère. Ce sont essentiellement :

1. Les quatre Évangiles (Matthieu, Marc, Luc, Jean) ;

2. Les Actes des Apôtres ;

3. Les Lettres (de Paul, notamment) ;

4. L'Apocalypse.

*

Quels que soient nos convictions et le regard que nous portons sur le monde, la *Bible* appartient au patrimoine culturel de l'humanité et occupe, certes à côté d'autres grandes œuvres, une place de choix dans notre culture occidentale.

C'est dans cet esprit que nous vous invitons à découvrir – ou redécouvrir – ces quelques récits que vous aurez, sans nul doute, plaisir à retrouver au cours de vos études, de vos loisirs et de vos voyages...

ADAM ET ÈVE
CHASSÉS DU JARDIN D'ÉDEN

Le premier livre de la *Bible*, la *Genèse*, contient le récit mythique de la création de l'univers et de l'humanité.
Après avoir créé le monde, Dieu plante un jardin en Éden – appelé paradis dans la version grecque de la Bible – véritable lieu de paix et de délices.
Dieu établit Adam et Ève dans ce « jardin des délices » et dit à l'homme qu'il peut se nourrir de tous les fruits, à l'exception de celui de l'arbre de la connaisance du bien et du mal.

²⁵Tous deux étaient nus, l'homme et sa femme, sans se faire mutuellement honte.

3 ¹Or le serpent était la plus astucieuse de toutes les bêtes des champs que le SEIGNEUR Dieu avait faites. Il dit à la femme : « Vraiment ! Dieu vous a dit : Vous ne mangerez pas de tout arbre du jardin... » ²La femme répondit au serpent : « Nous pouvons manger du fruit des arbres du jardin, ³mais du fruit de l'arbre qui est au milieu du jardin, Dieu a dit : Vous n'en mangerez pas et vous n'y toucherez pas afin de ne pas mourir. » ⁴Le serpent dit à la femme : « Non, vous ne mourrez pas, ⁵mais Dieu sait que le jour où vous en mangerez, vos yeux s'ouvriront et vous serez comme des dieux possédant la connaisance du bonheur et du malheur. »

⁶La femme vit que l'arbre était bon à manger, séduisant à regarder, précieux pour agir avec clairvoyance. Elle en prit un fruit dont elle mangea, elle en donna aussi à son mari qui était avec elle et il en mangea. ⁷Leurs yeux à tous deux s'ouvrirent et ils surent qu'ils étaient nus. Ayant cousu des feuilles de figuier, ils s'en firent des pagnes.

⁸Or ils entendirent la voix du SEIGNEUR Dieu qui se promenait dans le jardin au souffle du jour. L'homme et la femme se cachèrent devant le SEIGNEUR Dieu au milieu des arbres du jardin. ⁹Le SEIGNEUR Dieu appela l'homme et lui dit : « Où es-

tu ? » [10]Il répondit : « J'ai entendu ta voix dans le jardin, et j'ai pris peur car j'étais nu, et je me suis caché. » [11] – « Qui t'a révélé, dit-il, que tu étais nu ? Est-ce que tu as mangé de l'arbre dont je t'avais prescrit de ne pas manger ? » [12]L'homme répondit : « La femme que tu as mise auprès de moi, c'est elle qui m'a donné du fruit de l'arbre et j'en ai mangé. » [13]Le SEIGNEUR Dieu dit à la femme : « Qu'as-tu fait là ! » La femme répondit : « Le serpent m'a trompée et j'ai mangé. »

[14]Le SEIGNEUR Dieu dit au serpent : « Parce que tu as fait cela, tu seras maudit entre tous les bestiaux et toutes les bêtes des champs ; tu marcheras sur ton ventre[2] et tu mangeras de la poussière tous les jours de ta vie. [15]Je mettrai l'hostilité entre toi et la femme, entre ta descendance et sa descendance. Celle-ci te meurtrira à la tête et toi, tu la meurtriras au talon. »

[16]Il dit à la femme : « Je ferai qu'enceinte, tu sois dans de grandes souffrances ; c'est péniblement que tu enfanteras des fils. Tu seras avide de ton homme et lui te dominera. »

[17]Il dit à Adam : « Parce que tu as écouté la voix de ta femme et que tu as mangé de l'arbre dont je t'avais formellement prescrit de ne pas manger, le sol sera maudit à cause de toi. C'est dans la peine que tu t'en nourriras tous les jours de ta vie, [18]il fera germer pour toi l'épine et le chardon et tu mangeras l'herbe des champs. [19]À la sueur de ton visage tu mangeras du pain jusqu'à ce que tu retournes au sol car c'est de lui que tu as été pris. Oui, tu es poussière et à la poussière tu retourneras. » (...)

[23]Le SEIGNEUR Dieu l'expulsa du jardin d'Éden pour cultiver le sol d'où il avait été pris. [24]Ayant chassé l'homme, il posta les Chérubins à l'orient du jardin d'Éden avec la flamme de l'épée foudroyante pour garder le chemin de l'arbre de vie.

La Genèse, 2, 25 ; 3, 1-24,
Traduction œcuménique de la Bible

CAÏN ET ABEL

Cet « épisode » raconte la lutte fratricide des deux premiers fils d'Adam et Ève.

4 [1] L'homme connut Ève, sa femme ; elle conçut et enfanta Caïn et elle dit : « J'ai acquis un homme de par Yahvé. » [2]Elle donna aussi le jour à Abel, frère de Caïn. Or Abel devint pasteur de petit bétail et Caïn cultivait le sol. [3]Le temps passa et il advint que Caïn présenta des produits du sol en offrande à Yahvé, [4]et qu'Abel, de son côté, offrit des premiers-nés de son troupeau, et même de leur graisse. Or Yahvé agréa Abel et son offrande. [5]Mais il n'agréa pas Caïn et son offrande, et Caïn en fut très irrité et eut le visage abattu. [6]Yahvé dit à Caïn : « Pourquoi es-tu irrité et pourquoi ton visage est-il abattu ? [7]Si tu es bien disposé, ne relèveras-tu pas la tête ? Mais si tu n'es pas bien disposé, le péché n'est-il pas à la porte, une bête tapie qui te convoite, pourras-tu la dominer ? » [8]Cependant Caïn dit à son frère Abel : « Allons dehors », et, comme ils étaient en pleine campagne, Caïn se jeta sur son frère Abel et le tua.

[9]Yahvé dit à Caïn : « Où est ton frère Abel ? » Il répondit : « Je ne sais pas. Suis-je le gardien de mon frère ? » [10]Yahvé reprit : « Qu'as-tu fait ! Écoute le sang de ton frère crier vers moi du sol ! [11]Maintenant, sois maudit et chassé du sol fertile qui a ouvert la bouche pour recevoir de ta main le sang de ton frère. [12]Si tu cultives le sol, il ne te donnera plus son produit : tu seras un errant parcourant la terre. » [13]Alors Caïn dit à Yahvé : « Ma peine est trop lourde à porter. [14]Vois ! Tu me bannis aujourd'hui du sol fertile, je devrai me cacher loin de ta face et je serai un errant parcourant la terre : mais, le premier venu me tuera ! » [15]Yahvé lui répondit : « Aussi bien, si quelqu'un tue Caïn, on le vengera sept fois » et Yahvé mit un signe sur Caïn, afin que le premier venu ne le frappât point. [16]Caïn se retira de la présence de Yahvé et séjourna au pays de Nod, à l'orient d'Éden.

La Genèse, 4, 1-16,
la Bible de Jérusalem,

ABRAHAM

Après le récit des origines de l'humanité, s'amorce l'histoire des Patriarches. Le plus ancien d'entre eux, Abraham, est l'ancêtre reconnu des trois religions monothéistes : judaïsme, christianisme et islam.
Abraham vivait au début du deuxième millénaire avant J.-C., à Ur, en Chaldée (cf. carte), lorsqu'il reçut de Dieu l'ordre de quitter son pays.

Dieu appelle Abram à quitter son pays

12 [1]Le Seigneur dit à Abram :
« Pars de ton pays, de ta famille et de la maison de ton père vers le pays que je te ferai voir.
[2]Je ferai de toi une grande nation et je te bénirai.
Je rendrai grand ton nom.
Sois en bénédiction.
[3]Je bénirai ceux qui te béniront,
qui te bafouera je le maudirai ;
en toi seront bénies toutes les familles de la terre. »
[4]Abram partit comme le Seigneur le lui avait dit, et Loth partit avec lui.

Abram avait 75 ans quand il quitta Harrân. [5]Il prit sa femme Sarah, son neveu Loth, tous les biens qu'ils avaient acquis et les êtres qu'ils entretenaient à Harrân. Ils partirent pour le pays de Canaan.

Ils arrivèrent au pays de Canaan. [6]Abram traversa le pays jusqu'au lieu dit Sichem, jusqu'au chêne de Moré. Les Cananéens étaient alors dans le pays, [7]le Seigneur apparut à Abram et dit : « C'est à ta descendance que je donnerai ce pays. »

La Genèse 12, 1-7,
Traduction œcuménique de la Bible (T.O.B.)

Abram devient Abraham

17 ¹Il avait 99 ans quand le SEIGNEUR lui apparut et lui dit : « C'est moi le Dieu Puissant. Marche en ma présence et sois intègre. ²Je veux te faire don de mon alliance entre toi et moi, je te ferai proliférer à l'extrême. »

³Abram tomba sur sa face, Dieu parla avec lui et dit : ⁴« Pour moi, voici mon alliance avec toi : tu deviendras le père d'une multitude de nations. ⁵On ne t'appellera plus du nom d'Abram, mais ton nom sera Abraham car je te donnerai de devenir le père d'une multitude de nations ⁶et je te rendrai fécond à l'extrême : je ferai que tu donnes naissance à des nations, et des rois sortiront de toi. ⁷J'établirai mon alliance entre moi, toi, et après toi les générations qui descendront de toi ; cette alliance perpétuelle fera de moi ton Dieu et Celui de ta descendance après toi. »

La Genèse 17, 1-7, T.O.B.

MOÏSE

Faisant suite à la *Genèse*, le livre de L'*Exode* est dominé par la figure de Moïse.
Échappé miraculeusement au massacre des nouveau-nés israélites ordonné par Pharaon, Moïse deviendra chef des tribus d'Israël.

1. Naissance de Moïse

2 [1] Un homme de la maison de Lévi s'en alla prendre pour femme une fille de Lévi. [2] Celle-ci conçut et enfanta un fils. Voyant combien il était beau, elle le dissimula pendant trois mois. [3] Ne pouvant le dissimuler plus longtemps, elle prit pour lui une corbeille de papyrus qu'elle enduisit de bitume et de poix, y plaça l'enfant et la déposa dans les roseaux sur la rive du Fleuve. [4] La sœur de l'enfant se posta à distance pour voir ce qui lui adviendrait.

[5] Or la fille de Pharaon descendit au Fleuve pour s'y baigner, tandis que ses servantes se promenaient sur la rive du Fleuve. Elle aperçut la corbeille parmi les roseaux et envoya sa servante la prendre. [6] Elle l'ouvrit et vit l'enfant : c'était un garçon qui pleurait. Touchée de compassion pour lui, elle dit : « C'est un des petits Hébreux. » [7] La sœur de l'enfant dit alors à la fille de Pharaon : « Veux-tu que j'aille te chercher, parmi les femmes des Hébreux, une nourrice qui te nourrira cet enfant ? – [8] Va », lui répondit la fille de Pharaon. La jeune fille alla donc chercher la mère de l'enfant. [9] La fille de Pharaon lui dit : « Emmène cet enfant et nourris-le-moi, je te donnerai moi-même ton salaire. » Alors la femme emporta l'enfant et le nourrit. [10] Quand l'enfant eut grandi, elle le ramena à la fille de Pharaon qui le traita comme un fils et lui donna le nom de Moïse, car, disait-elle, « je l'ai tiré des eaux ».

L'Exode, 2, 1-10,
la Bible de Jérusalem

2. Les dix plaies d'Égypte

Moïse a reçu pour mission de faire sortir le peuple hébreu d'Égypte, afin d'échapper à son esclavage. Pharaon s'y oppose.
Alors Dieu frappe l'Égypte d'une série de désastres, *les dix plaies d'Égypte.*
Voici le récit de la « huitième plaie ».

Les sauterelles

[12] Yahvé dit à Moïse : « Étends ta main sur le pays d'Égypte pour que viennent les sauterelles ; qu'elles montent sur le pays d'Égypte et qu'elles dévorent toute l'herbe du pays, tout ce qu'a épargné la grêle. [13] Moïse étendit son bâton sur le pays d'Égypte, et Yahvé fit lever sur le pays un vent d'est qui souffla tout ce jour-là et toute la nuit. Le matin venu, le vent d'est avait apporté les sauterelles.

[14] Les sauterelles montèrent sur tout le pays d'Égypte, elles se posèrent sur tout le territoire de l'Égypte en très grand nombre. Auparavant il n'y avait jamais eu autant de sauterelles, et par la suite il ne devait jamais plus y en avoir autant. [15] Elles couvrirent toute la surface du pays et le pays fut dévasté. Elles dévorèrent toute l'herbe du pays et tous les fruits des arbres qu'avait laissés la grêle ; rien de vert ne resta sur les arbres ou sur l'herbe des champs, dans tout le pays d'Égypte.

[16] Pharaon se hâta d'appeler Moïse et Aaron et dit : « J'ai péché contre Yahvé votre Dieu et contre vous. [17] Et maintenant pardonne-moi ma faute, je t'en prie, cette fois seulement, et priez Yahvé votre Dieu qu'il détourne de moi ce fléau meurtrier. » [18] Moïse sortit de chez Pharaon et pria Yahvé. [19] Yahvé changea le vent en un vent d'ouest très fort qui emporta les sauterelles et les entraîna vers la mer des Roseaux. Il ne resta plus une seule sauterelle dans tout le territoire d'Égypte. [20] Mais Yahvé endurcit le cœur de Pharaon et il ne laissa pas partir les Israélites.

L'Exode, 10, 12-20,
la Bible de Jérusalem

3. La sortie d'Égypte

Pharaon a enfin consenti à laisser le peuple hébreu quitter l'Égypte. Prenant la route de la mer des Roseaux, les Hébreux s'enfoncent dans le désert...
Mais lorsqu'on annonça au roi d'Égypte que le peuple avait fui, le cœur de Pharaon changea... Il fit atteler son char et emmena son armée...

(...) Les Égyptiens se lancèrent à leur poursuite et les rejoignirent alors qu'ils campaient au bord de la mer – tous les chevaux de Pharaon, ses chars, ses cavaliers et son armée – près de Pi-Hahirot, devant Baal-Çephôn. [10] Comme Pharaon approchait, les Israélites levèrent les yeux, et voici que les Égyptiens les poursuivaient. Les Israélites eurent grand-peur et crièrent vers Yahvé. [11] Ils dirent à Moïse : « Manquait-il de tombeaux en Égypte, que tu nous aies menés mourir dans le désert ? Que nous as-tu fait en nous faisant sortir d'Égypte ? [12] Ne te disions-nous pas en Égypte : Laisse-nous servir les Égyptiens, car mieux vaut pour nous servir les Égyptiens que de mourir dans le désert ? » [13] Moïse dit au peuple : « Ne craignez pas ! Tenez ferme et vous verrez ce que Yahvé va faire pour vous sauver aujourd'hui, car les Égyptiens que vous voyez aujourd'hui, vous ne les reverrez plus jamais. [14] Yahvé combattra pour vous ; vous, vous n'aurez qu'à rester tranquilles. »

Miracle de la mer

[15] Yahvé dit à Moïse : « Pourquoi cries-tu vers moi ? Dis aux Israélites de repartir. [16] Toi, lève ton bâton, étends ta main sur la mer et fends-la, que les Israélites puissent pénétrer à pied sec au milieu de la mer. [17] Moi, j'endurcirai le cœur des Égyptiens, ils pénétreront à leur suite et je me glorifierai aux dépens de Pharaon, de toute son armée, de ses chars et de ses cavaliers. [18] Les Égyptiens sauront que je suis Yahvé quand je me serai glorifié aux dépens de Pharaon, de ses chars et de ses cavaliers. »
[19] L'Ange de Dieu qui marchait en avant du camp d'Israël se déplaça et marcha derrière eux, et la colonne de nuée se déplaça de devant eux et se tint derrière eux. [20] Elle vint entre le camp des Égyptiens et le camp d'Israël. La nuée était ténébreuse et la nuit s'écoula sans que l'un puisse s'approcher de l'autre de

toute la nuit. [21] Moïse étendit la main sur la mer, et Yahvé refoula la mer toute la nuit par un fort vent d'est ; il la mit à sec et toutes les eaux se fendirent. [22] Les Israélites pénétrèrent à pied sec au milieu de la mer, et les eaux leur formaient une muraille à droite et à gauche. [23] Les Égyptiens les poursuivirent, et tous les chevaux de Pharaon, ses chars et ses cavaliers pénétrèrent à leur suite au milieu de la mer. [24] À la veille du matin, Yahvé regarda de la colonne de feu et de nuée vers le camp des Égyptiens, et jeta la confusion dans les camps des Égyptiens. [25] Il enraya les roues de leurs chars qui n'avançaient plus qu'à grand-peine. Les Égyptiens dirent : « Fuyons devant Israël car Yahvé combat avec eux contre les Égyptiens ! » [26] Yahvé dit à Moïse : « Étends ta main sur la mer, que les eaux refluent sur les Égyptiens, sur leurs chars et sur leurs cavaliers. » [27] Moïse étendit la main sur la mer et, au point du jour, la mer rentra dans son lit. Les Égyptiens en fuyant la rencontrèrent, et Yahvé culbuta les Égyptiens au milieu de la mer. [28] Les eaux refluèrent et recouvrirent les chars et les cavaliers de toute l'armée de Pharaon, qui avaient pénétré derrière eux dans la mer. Il n'en resta pas un seul. [29] Les Israélites, eux, marchèrent à pied sec au milieu de la mer, et les eaux leur formèrent une muraille à droite et à gauche. [30] Ce jour-là, Yahvé sauva Israël des mains des Égyptiens, et Israël vit les Égyptiens morts au bord de la mer.

L'Exode, 14, 9-30,
la Bible de Jérusalem

LE JUGEMENT DU ROI SALOMON

La Bible

Salomon (~ 972, ~ 932) fut le dernier roi du Royaume unifié d'Israël. À sa mort une guerre civile entraîna une scission entre les tribus du Nord et celles du Sud.
C'est sous son règne que le Temple de Jérusalem devint le haut lieu du culte de toute la nation. Israël était à l'apogée de sa grandeur.
Le roi Salomon est resté célèbre pour son goût du luxe, des plaisirs faciles mais aussi pour sa grande sagesse. L'histoire qui suit illustre cette qualité.

3 (...)
[16]Deux prostituées vinrent se présenter devant le roi. [17]L'une dit : « Je t'en supplie, mon seigneur ; moi et cette femme, nous habitons la même maison, et j'ai accouché alors qu'elle s'y trouvait. [18]Or, trois jours après mon accouchement, cette femme accoucha à son tour. Nous étions ensemble, sans personne d'autre dans la maison ; il n'y avait que nous deux. [19]Le fils de cette femme mourut une nuit parce qu'elle s'était couchée sur lui. [20]Elle se leva au milieu de la nuit, prit mon fils qui était à côté de moi – ta servante dormait – et le coucha contre elle ; et son fils, le mort, elle le coucha contre moi. [21]Je me levai le matin pour allaiter mon fils, mais il était mort. Le jour venu, je le regardai attentivement, mais ce n'était pas mon fils, celui dont j'avais accouché. » [22]L'autre femme dit : « Non ! Mon fils, c'est le vivant, et ton fils, c'est le mort » ; mais la première continuait à dire : « Non ! Ton fils, c'est le mort, et mon fils, c'est le vivant. » Ainsi parlaient-elles devant le roi. [23]Le roi dit : « Celle-ci dit : Mon Fils, c'est le vivant, et ton fils, c'est le mort ; et celle-là dit : Non ! Ton fils, c'est le mort, et mon fils, c'est le vivant. » [24]Le roi dit : « Apportez-moi une épée ! » Et l'on apporta l'épée devant le roi. [25]Et le roi dit : « Coupez en deux l'enfant vivant et donnez-en une moitié à l'une et une moitié à l'autre. » [26]La femme dont le fils était le vivant dit au roi – car ses entrailles étaient émues au sujet de son fils : « Pardon, mon seigneur ! Donnez-lui le bébé vivant, mais ne le tuez pas ! » Tandis que l'autre disait : « Il ne sera ni à moi ni à toi !

Coupez ! » [27] Alors le roi prit la parole et dit : « Donnez à la première le bebé vivant, ne le tuez pas ; c'est elle qui est la mère. »

Premier Livre des Rois,
3, 16-27, T.O.B.

JONAS

Alors que Dieu demande à Jonas d'aller prêcher à Ninive pour convaincre les habitants de mener une vie plus morale, le prophète s'enfuit et s'embarque sur un bateau...
Mais voici qu'une terrible tempête se déchaîne et le sort désigne Jonas, coupable de la colère divine...

¹⁵Les hommes hissèrent alors Jonas et le lancèrent à la mer. Aussitôt la mer se tint immobile, calmée de sa fureur. ¹⁶Et les hommes furent saisis d'une grande crainte à l'égard du SEIGNEUR, lui offrirent un sacrifice et firent des vœux.

La prière de Jonas

2 ¹Alors le SEIGNEUR dépêcha un grand poisson pour engloutir Jonas. Et Jonas demeura dans les entrailles du poisson, trois jours et trois nuits. ²Des entrailles du poisson, il pria le SEIGNEUR, son Dieu. ³Il dit :

Dans l'angoisse qui m'étreint, j'implore le SEIGNEUR :
il me répond ;
du ventre de la Mort, j'appelle au secours :
tu entends ma voix.
⁴ Tu m'as jeté dans le gouffre au cœur des océans
où le courant m'encercle ;
toutes tes vagues et tes lames déferlent sur moi.
⁵ Si bien que je me dis : Je suis chassé de devant tes yeux.
Mais pourtant je continue à regarder vers ton Temple saint.
⁶ Les eaux m'enserrent jusqu'à m'asphyxier
tandis que les flots de l'abîme m'encerclent ;
les joncs sont entrelacés autour de ma tête.
⁷ Je suis descendu jusqu'à la matrice des montagnes ;
à jamais les verrous du pays – de la Mort – sont tirés sur moi.
Mais de la fosse tu me feras remonter vivant,
oh ! SEIGNEUR, mon Dieu !
⁸ Alors que mon souffle défaille et me trahit,
je me souviens et je dis : « SEIGNEUR ».

Et ma prière parvient jusqu'à toi,
jusqu'à ton Temple saint.

9 Les fanatiques des vaines idoles,
qu'ils renoncent à leur dévotion !

10 Pour moi, au chant d'actions de grâce je veux t'offrir des
sacrifices,
et accomplir les vœux que je fais.
Au Seigneur appartient le salut !

11 Alors le Seigneur commanda au poisson et aussitôt le poisson vomit Jonas sur la terre ferme.

Le Livre de Jonas,
1, 15-16 ; 2, 1-11, T.O.B.

LES LIVRES POÉTIQUES
ET DE SAGESSE (extraits)

J'entends mon bien-aimé...

[8] J'entends mon bien-aimé.
Voici qu'il arrive,
sautant sur les montagnes,
bondissant sur les collines.
[9] Mon bien-aimé est semblable à une gazelle,
à un jeune faon.

Voilà qu'il se tient
derrière notre mur.
Il guette par la fenêtre,
il épie par le treillis.

[10] Mon bien-aimé élève la voix,
il me dit :
« Lève-toi, ma bien-aimée,
ma belle, viens.
[11] Car voilà l'hiver passé,
c'en est fini des pluies, elles ont disparu.
[12] Sur notre terre les fleurs se montrent.
La saison vient des gais refrains,
le roucoulement de la tourterelle se fait entendre
sur notre terre.
[13] Le figuier forme ses premiers fruits
et les vignes en fleur exhalent leur parfum.
Lève-toi, ma bien-aimée,
ma belle, viens !

[14] Ma colombe, cachée au creux des rochers,
en des retraites escarpées,
montre-moi ton visage,
fais-moi entendre ta voix ;
car ta voix est douce
et charmant ton visage. »

¹⁵Attrapez-nous les renards,
les petits renards
ravageurs de vignes,
car nos vignes sont en fleur.

¹⁶Mon bien-aimé est à moi, et moi à lui.
Il paît son troupeau parmi les lis.

¹⁷Avant que souffle la brise du jour
et que s'enfuient les ombres,
reviens... ! Sois semblable,
mon bien-aimé, à une gazelle,
à un jeune faon,
sur les montagnes de Bétèr.
(...)

Le Cantique des cantiques, second poème, 8-17,
la Bible de Jérusalem

La mort

3 ¹Il y a un moment pour tout et un temps pour toute chose sous le ciel.
²Un temps pour enfanter,
et un temps pour mourir ;
un temps pour planter,
et un temps pour arracher le plant.
³Un temps pour tuer,
et un temps pour guérir ;
un temps pour détruire,
et un temps pour bâtir.
⁴Un temps pour pleurer,
et un temps pour rire ;
un temps pour gémir,
et un temps pour danser.
⁵Un temps pour lancer des pierres,
et un temps pour en ramasser ;
un temps pour embrasser,
et un temps pour s'abstenir d'embrassements.

[6]Un temps pour chercher,
et un temps pour perdre ;
un temps pour garder,
et un temps pour jeter.
[7]Un temps pour déchirer,
et un temps pour coudre ;
un temps pour se taire,
et un temps pour parler.
[8]Un temps pour aimer,
et un temps pour haïr ;
un temps pour la guerre,
et un temps pour la paix.
(...)

L'Ecclésiaste, 3 ,1-8
la Bible de Jérusalem

L'amitié

[14]Un ami fidèle est un puissant soutien :
qui l'a trouvé a trouvé un trésor.
[15]Un ami fidèle n'a pas de prix,
on ne saurait en estimer la valeur.
[16]Un ami fidèle est un baume de vie.

L'Ecclésiastique, 6, 14-16,
la Bible de Jérusalem

L'apprentissage de la sagesse

[18]Mon fils ! dès ta jeunesse choisis l'instruction
et jusqu'à tes cheveux blancs tu trouveras la sagesse.
[19]Comme le laboureur et le semeur, cultive-la
et compte sur ses fruits excellents,
car quelque temps tu peineras à la cultiver,
mais bientôt tu mangeras de ses produits.
(...)
[27]Mets-toi sur sa trace et cherche-la : elle se fera connaître ;
si tu la tiens ne la lâche pas.
[28]Car à la fin tu trouveras en elle le repos

et pour toi elle se changera en joie.
²⁹Ses entraves te deviendront une puissante protection,
  ses colliers une parure précieuse.
³⁰Son joug sera un ornement d'or,
  ses liens des rubans de pourpre.
³¹Comme un vêtement d'apparat tu la revêtiras,
  tu la ceindras comme un diadème de joie.

L'Ecclésiastique, 6, 18-19 ; 27-31,
la Bible de Jérusalem

La justice

⁸Si tu poursuis la justice, tu l'atteindras
et tu t'en revêtiras comme d'un manteau glorieux.

Le Siracide*, 27, 8, T.O.B.

Utilité des voyages

⁹Un homme qui a voyagé a beaucoup appris
et l'homme d'expérience s'exprime en connaissance de cause.
¹⁰Qui n'a pas été mis à l'épreuve sait peu de choses,
¹¹mais celui qui a voyagé est plein de ressources.
¹²J'ai beaucoup vu au cours de mes voyages
et ce que j'ai compris surpasse ce que j'en pourrais dire.
¹³Maintes fois j'ai couru des dangers mortels,
mais j'ai été sauvé grâce à mon expérience.

Le Siracide, 34, 9-13, T.O.B.

---

* L'*Ecclésiastique* est aussi nommé *Sagesse de Sirach* d'où l'appe-
lation *Siracide,* dans la T.O.B.

L'ANNONCIATION

La Bible

[26]Le sixième mois, l'ange Gabriel fut envoyé par Dieu dans une ville de Galilée, du nom de Nazareth, [27]à une vierge fiancée à un homme du nom de Joseph, de la maison de David ; et le nom de la vierge était Marie. [28]Il entra et lui dit : « Réjouis-toi, comblée de grâce, le Seigneur est avec toi. » [29]À cette parole elle fut toute troublée, et elle se demandait ce que signifiait cette salutation. [30]Et l'ange lui dit : « Sois sans crainte, Marie ; car tu as trouvé grâce auprès de Dieu. [31]Voici que tu concevras dans ton sein et enfantera un fils, et tu l'appelleras du nom de Jésus. [32]Il sera grand, et sera appelé Fils du Très-Haut. Le Seigneur Dieu lui donnera le trône de David, son père ; [33]il régnera sur la maison de Jacob pour les siècles et son règne n'aura pas de fin. (...)

Marie dit alors : « Je suis la servante du Seigneur ; qu'il m'advienne selon ta parole ! » Et l'ange la quitta.

Évangile de Luc, 1, 26-33,
la Bible de Jérusalem

ADORATION DES MAGES

2 [1] Jésus étant donc né dans Bethléem, ville de la tribu de Juda, du temps du roi Hérode, des mages vinrent de l'Orient à Jérusalem, [2] Et ils demandèrent : Où est le roi des Juifs qui est nouvellement né ? car nous avons vu son étoile en Orient, et nous sommes venus l'adorer. [3] Ce que le roi Hérode ayant appris, il en fut troublé, et toute la ville de Jérusalem avec lui. [4] Et ayant assemblé tous les princes des prêtres et les scribes ou docteurs du peuple, il s'enquit d'eux où devait naître le Christ. [5] Ils lui dirent que c'était dans Bethléem, de la tribu de Juda, selon ce qu'il a été écrit par le prophète : [6] Et toi, Bethléem, terre de Juda, tu n'es pas la dernière d'entre les principales ville de Juda, car c'est de toi que sortira le chef qui conduira mon peuple d'Israël. [7] Alors Hérode, ayant fait venir les mages en particulier, s'enquit d'eux avec grand soin du temps que l'étoile leur était apparue ; [8] Et les envoyant à Bethléem, il leur dit : Allez, informez-vous exactement de cet enfant : et lorsque vous l'aurez trouvé, faites-le-moi savoir, afin que j'aille aussi l'adorer moi-même. [9] Ayant ouï ces paroles du roi, ils partirent. Et en même temps l'étoile qu'ils avaient vue en Orient allait devant eux, jusqu'à ce qu'étant arrivée sur le lieu où était l'enfant, elle s'y arrêta. [10] Lorsqu'ils virent l'étoile, ils furent transportés de joie ; [11] Et entrant dans la maison, ils trouvèrent l'enfant avec Marie sa mère, et se prosternant en terre, ils l'adorèrent. Puis ouvrant leurs trésors, ils lui offrirent pour présent de l'or, de l'encens et de la myrrhe. [12] Et ayant reçu pendant qu'ils dormaient un avertissement de n'aller point retrouver Hérode, ils s'en retournèrent en leur pays par un autre chemin.

Évangile de Matthieu, 2, 1-12,
la Bible de Jérusalem

PARABOLE DU SEMEUR

Jésus transmet souvent ses messages sous forme de paraboles.

4 [1] Il se mit de nouveau à enseigner au bord de la mer et une foule très nombreuse s'assemble auprès de lui, si bien qu'il monte dans une barque et s'y assied, en mer ; et toute la foule était à terre, près de la mer. [2] Il leur enseignait beaucoup de choses en paraboles et il leur disait dans son enseignement : [3] « Écoutez ! Voici que le semeur est sorti pour semer. [4] Et il advint, comme il semait, qu'une partie du grain est tombée au bord du chemin, et les oiseaux sont venus et ont tout mangé. [5] Une autre est tombée sur le terrain rocheux où elle n'avait pas beaucoup de terre, et aussitôt elle a levé, parce qu'elle n'avait pas de profondeur de terre ; [6] et lorsque le soleil s'est levé, elle a été brûlée et, faute de racine, s'est desséchée. [7] Une autre est tombée dans les épines, et les épines ont monté et l'ont étouffée, et elle n'a pas donné de fruit. [8] D'autres sont tombés dans la bonne terre, et ils ont donné du fruit en montant et en se développant, et ils ont produit l'un trente, l'autre soixante, l'autre cent. » [9] Et il disait : « Entende, qui a des oreilles pour entendre ! »

Évangile de Marc, 4, 1-9,
la Bible de Jérusalem

PARABOLE DU BON SAMARITAIN

À la question posée par un scribe : « Qui est mon prochain ? », Jésus répondit par la parabole suivante :

« Un homme descendait de Jérusalem à Jéricho, et il tomba au milieu de brigands qui, après l'avoir dépouillé et roué de coups, s'en allèrent, le laissant à demi mort. [31] Un prêtre vint à descendre par ce chemin-là ; il le vit et passa outre. [32] Pareillement un lévite, survenant en ce lieu, le vit et passa outre. [33] Mais un Samaritain, qui était en voyage, arriva près de lui, le vit et fut pris de pitié. [34] Il s'approcha, banda ses plaies, y versant de l'huile et du vin, puis le chargea sur sa propre monture, le mena à l'hôtellerie et prit soin de lui. [35] Le lendemain, il tira deux deniers et les donna à l'hôtelier, en disant : "Prends soin de lui, et ce que tu auras dépensé en plus, je te le rembourserai, moi, à mon retour." [36] Lequel de ces trois, à ton avis, s'est montré le prochain de l'homme tombé aux mains des brigands ? » [37] Il dit : « Celui-là qui a exercé la miséricorde envers lui. » Et Jésus lui dit : « Va, et toi aussi, fais de même. »

Évangile de Luc, xx, 30-37,
la Bible de Jérusalem

LES NOCES DE CANA

2 ... Il y eut des noces à Cana de Galilée, et la mère de Jésus y était. [2]Jésus aussi fut invité à ces noces, ainsi que ses disciples. [3]Or il n'y avait plus de vin, car le vin des noces était épuisé. La mère de Jésus lui dit : « Ils n'ont pas de vin. » [4]Jésus lui dit : « Que me veux-tu, femme ? Mon heure n'est pas encore arrivée. » [5]Sa mère dit aux servants : « *Tout ce qu'il vous dira, faites-le.* »

[6]Or il y avait là six jarres de pierre, destinées aux purifications des Juifs, et contenant chacune deux ou trois mesures. [7]Jésus leur dit : « Remplissez d'eau ces jarres. » Ils les remplirent jusqu'au bord. [8]Il leur dit : « Puisez maintenant et portez-en au maître du repas. » Ils lui en portèrent. [9]Lorsque le maître du repas eut goûté l'eau changée en vin – et il ne savait pas d'où il venait, tandis que les servants le savaient, eux qui avaient puisé l'eau – le maître du repas appelle le marié[10] et lui dit : « Tout homme sert d'abord le bon vin et, quand les gens sont ivres, le moins bon. Toi, tu as gardé le bon vin jusqu'à présent ! » [11]Tel fut le premier des signes de Jésus, il l'accomplit à Cana de Galilée.

Évangile de Jean, 2, 1-11,
la Bible de Jérusalem

LA VISION DE LA FEMME ET DU DRAGON

Dernier livre du *Nouveau Testament*, l'*Apocalypse* (d'un mot grec qui signifie « *révélation* ») présente une série de « visions » proches de récits fantastiques.

Un signe grandiose apparut au ciel : Une Femme ! Le soleil l'enveloppe, la lune est sous ses pieds et douze étoiles couronnent sa tête, [2]elle est enceinte et crie dans les douleurs et le travail de l'enfantement. [3]Puis un second signe apparut au ciel : un énorme Dragon rouge feu, à sept têtes et dix cornes, chaque tête surmontée d'un diadème. [4]Sa queue balaie le tiers *des étoiles du ciel et les précipite sur la terre*. En arrêt devant la Femme en travail, le Dragon s'apprête à dévorer son enfant aussitôt né. [5]Or la Femme *mit au monde un* enfant *mâle*, celui qui doit *mener toutes les nations avec un sceptre de fer ;* et son enfant fut enlevé jusqu'auprès de Dieu et de son trône, [6]tandis que la Femme s'enfuyait au désert (...)

[7]Alors, il y eut une bataille dans le ciel : *Michel* et ses Anges combattirent le Dragon. Et le Dragon riposta, avec ses Anges, [8]mais ils eurent le dessous et furent chassés du ciel. [9]On le jeta donc, l'énorme Dragon, l'antique Serpent, le Diable ou le Satan, comme on l'appelle, le séducteur du monde entier, on le jeta sur la terre et ses Anges furent jetés avec lui. [10] (...)

Se voyant rejeté sur la terre, le Dragon se lança à la poursuite de la Femme, la mère de l'Enfant mâle. [14]Mais elle reçut les deux ailes du grand aigle pour voler au désert jusqu'au refuge où, loin du Serpent, elle doit être nourrie un temps, des temps et la moitié d'un temps. (...) [15]Le Serpent vomit alors de sa gueule comme un fleuve d'eau derrière la Femme pour l'entraîner dans ses flots. [16]Mais la terre vint au secours de la Femme : ouvrant la bouche, elle engloutit le fleuve vomi par la gueule du Dragon.

L'Apocalypse de Jean, xx, 1-15,
la Bible de Jérusalem

Extraits de la *Bible de Jérusalem* : © Éd. du Cerf, 1973.
Extraits de la *Traduction Œcuménique de la Bible* : © Éd. du Cerf - Société Biblique Française, 1988.

L'Odyssée

Ulysse et Pénélope, Bas-relief, Musée du Louvre,
© Photo R.M.N.

Le périple d'Ulysse *d'après Victor Bérard*

500 km

MER DU LEVANT

Troie

KIKONES

Crète

PHÉACIENS

Ithaque
Sparte
Pylos

CIRCÉ

CYCLOPES

Scylla

Île du Soleil

MER DU COUCHANT

Iles
d'Éole

LES TRYGONS

Île Djerba

LOTOPHAGES

Gibraltar

CALYPSO

Le périple d'Ulysse (détail) d'après Victor BÉRARD

PHÉACIENS

Corfou

Ithaque

CIRCÉ

Cumes
Lac Arverne

CYCLOPES

Iles des
Sirènes

Iles d'Eole

Stromboli

Scylla

Messine

Charybde

Ile du Soleil

Porto-Pozzo

LESTRYGONS

300 km

0   100   200

INTRODUCTION

L'*Iliade* et l'*Odyssée* ont été composées au VIIIe siècle avant notre ère. On les appelle des épopées, du mot grec signifiant parole, parce que, avant de devenir des livres, ces poèmes ont été récités en public par des aèdes, véritables poètes.

Ces épopées s'inspirent de la guerre de Troie qui aurait opposé en - 1200 les Troyens et les Achéens (c'était le nom que portaient les Grecs à cette époque).

L'*Iliade* et l'*Odyssée* évoquent l'atmosphère héroïque et divine de cette époque dont les Grecs ont gardé la nostalgie.

L'*Iliade*, le premier sans doute de ces deux poèmes, doit son nom au fondateur légendaire de Troie : Ilios ; le poème raconte l'essentiel de la guerre de Troie.

L'*Odyssée* raconte en plus de 12 000 vers, répartis en 24 « chants », l'errance d'Ulysse qui, poursuivi par la vengeance de Poséidon, mit dix ans avant de retrouver Ithaque, sa terre natale, puis comment, grâce à sa ruse et avec l'aide de son fils Télémaque et de la déesse Athéna, il massacra les « prétendants » c'est-à-dire ceux qui « prétendaient » profiter de sa longue absence pour prendre sa place à la tête du royaume et épouser sa femme Pénélope.

Le poète prie la Muse de lui conter les aventures d'Ulysse, le héros aux mille ruses qui a tant erré sur la mer, après le pillage de la ville de Troie. La Muse répond :

Ils étaient au logis, tous les autres héros, tous ceux qui, de la mort, avaient sauvé leurs têtes : ils avaient réchappé de la guerre et des flots. Il ne restait que lui à toujours désirer le retour et sa femme, car une nymphe auguste le retenait captif au creux de ses cavernes, Calypso, qui brûlait, cette toute divine, de l'avoir pour époux. (…)

Tous les dieux le plaignaient, sauf un seul, Poséidon, dont la haine traquait cet Ulysse divin jusqu'à son arrivée à la terre natale.

L'Odyssée

Alors que Poséidon s'en est allé en une terre lointaine, les dieux tiennent une assemblée sur l'Olympe.
Athéna plaide si bien la cause d'Ulysse que Jupiter, ému, décide :

– Allons ! tous ici, décrétons son retour ! Poséidon n'aura plus qu'à brider sa colère, ne pouvant tenir tête à tous les Immortels, ni lutter, à lui seul, contre leur volonté.
Athéna, la déesse aux yeux pers, répliqua :
– Fils de Cronos, mon père, suprême Majesté, si, des dieux bienheureux, c'est maintenant l'avis que le tant sage Ulysse en sa maison revienne, envoyons, sans tarder, jusqu'à l'île Ogygie, Hermès, le rayonnant porteur de tes messages, et qu'en toute vitesse, il aille révéler à la Nymphe bouclée le décret sans appel sur le retour d'Ulysse et lui dise comment ce grand cœur doit rentrer ! Moi-même, dans Ithaque, allant trouver son fils et l'animant encor, je veux lui mettre au cœur l'envie de convoquer à l'agora les Achéens aux longs cheveux et de signifier un mot aux prétendants qui lui tuent, chaque jour, ses troupes de moutons et ses vaches cornues à la démarche torse. Puis je l'emmène à Sparte, à la Pylos des Sables, s'informer, s'il le peut, du retour de son père et s'acquérir aussi bon renom chez les hommes.

*

A ces mots, la déesse attacha sous ses pieds ses plus belles sandales et s'en vint, en plongeant des cimes de l'Olympe, prendre terre en Ithaque, sous le porche d'Ulysse. Sur le seuil de la cour, lance de bronze en main, elle semblait un hôte : on aurait dit Mentès, [roi de Taphos].

C'est là qu'elle trouva les fougueux prétendants. Ils jouaient aux jetons, assis, devant les portes, sur les cuirs des taureaux abattus de leurs mains, tandis que des hérauts et des servants-coureurs leur mélangeaient le vin et l'eau dans les cratères, ou lavaient, de l'éponge aux mille trous, les tables, qu'ils dressaient pour chacun, ou tranchaient force viandes.

Bien avant tous les autres, quelqu'un vit la déesse, et ce fut Télémaque au visage de dieu ; car il était assis parmi les prétendants, mais l'âme désolée : il voyait en son cœur son père, le héros !... s'il pouvait revenir reprendre en main sa charge, régner sur sa maison ! Télémaque rêvait, mêlé aux prétendants. Mais il vit Athéna et s'en fut droit au porche : il avait de l'humeur qu'un hôte fût resté debout devant sa porte !

Près d'elle, il s'arrêta, lui saisit la main droite, prit la lance de bronze et lui dit, élevant la voix, ces mots ailés :

– Salut ! Chez nous, mon hôte, on saura t'accueillir ; tu dîneras d'abord, après, tu nous diras le besoin qui t'amène.

Il dit et la guidait. Athéna le suivait. (…) Il la fit asseoir en un fauteuil qu'il couvrit [d'une housse de lin] ; pour lui-même, il ne prit qu'un siège de couleur, loin de ces prétendants, dont l'abord insolent et l'ennuyeux vacarme auraient pu dégoûter son hôte du festin.

Vint une chambrière, qui, portant une aiguière en or et du plus beau, leur donnait à laver sur un bassin d'argent et dressait devant eux une table polie. Vint la digne intendante : elle apportait le pain et le mit devant eux. Puis le maître-tranchant, portant haut ses plateaux de viandes assorties, les présenta et leur donna des coupes d'or. Un héraut s'empressait pour leur verser à boire. (…)

Quand on eut satisfait la soif et l'appétit, le cœur des prétendants n'eut plus d'autre désir que le chant et la danse, ces atours
du festin.

Télémaque prend alors Athéna à témoin de l'insolence
des prétendants installés sans vergogne à la table
d'Ulysse, dont l'absence le désespère.
La déesse le rassure sur le sort du héros aux mille ruses
et lui dit :

– Je t'engage à chercher comment tu renverras d'ici les prétendants. Il faut me bien comprendre et peser mes paroles :
convoque dès demain l'assemblée achéenne ; dis-leur ton mot à
tous, en attestant les dieux ; somme-les de rentrer, chacun sur
son domaine !...
Équipe le meilleur des bateaux à vingt rames et va-t'en aux
nouvelles ; sur ton père, depuis si longtemps disparu, interroge
les gens. (...) Va d'abord t'enquérir chez le divin Nestor, à
Pylos, puis à Sparte, chez le blond Ménélas : c'est le dernier
rentré de tous les Achéens à la cotte de bronze. (...) Ces devoirs
accomplis, achevés, tu verras en ton cœur et ton âme comment
dans ton manoir tuer les prétendants par la ruse ou la force.
Laisse les jeux d'enfants : ce n'est plus de ton âge... Bel et
grand comme je te vois là, sois vaillant pour qu'un jour quelque
arrière-neveu parle aussi bien de toi...

Les paroles d'Athéna ont éveillé en Télémaque espoir
et courage.
Le soir venu, il ordonne aux prétendants, stupéfaits, de
se trouver sur l'agora, dès l'aurore...

*

Dans son berceau de brume, à peine avait paru l'Aurore aux
doigts de roses, que le cher fils d'Ulysse passait ses vêtements
et, s'élançant du lit, mettait son glaive à pointe autour de son
épaule, chaussait ses pieds luisants de ses belles sandales et sor-

tait de sa chambre : on l'eût pris, à le voir, pour un des Immortels.

Aussitôt il donna aux crieurs, ses hérauts, l'ordre de convoquer à l'agora les Achéens aux longs cheveux. Hérauts de convoquer et guerriers d'accourir. Quand, le peuple accouru, l'assemblée fut complète, Télémaque vers l'agora se mit en route. Il avait à la main une lance de bronze et, pour n'être pas seul, avait pris avec lui deux de ses lévriers. Athéna le parait d'une grâce céleste. Vers lui, quand il entra, tous les yeux se tournèrent et, pour le faire asseoir au siège de son père, les doyens firent place.

Télémaque parle sur un ton de vérité qui touche les citoyens mais n'atteint pas le cœur des prétendants. L'un d'eux, Antinoos, plus insolent que jamais, affirme leur refus de quitter le palais et d'armer un vaisseau...

Découragé, Télémaque va s'asseoir à l'écart, sur le rivage de la mer... Survient alors la déesse Athéna :

[Laisse les prétendants comploter...] Que rien n'entrave ton projet de voyage. Tu sais le compagnon que ton père eut en moi : je t'équipe un croiseur et te suis en personne. Retourne te montrer chez toi aux prétendants ; fais préparer les vivres : que tout soit enfermé, le vin en des amphores, en des sacs de gros cuir la farine qui rend le nerf à l'équipage. Quant aux rameurs, c'est moi qui te vais, dans le peuple, lever des volontaires ; j'aurai tôt fait et notre Ithaque entre-deux-mers a des vaisseaux en nombre : quand, des neufs et des vieux, j'aurai fait la revue, nous armons le meilleur et nous prenons le large ! (...)

Quand la fille de Zeus eut parlé, Télémaque obéit, sans tarder, à cette voix divine. Il revint au manoir, l'âme toute troublée.

*

Il trouva dans la cour les fougueux prétendants, qui flambaient les cochons et dépouillaient les chèvres.

Antinoos riant vint droit à Télémaque, et, lui prenant la main, lui dit et déclara :

– Quel prêcheur d'agora à la tête emportée !... Télémaque, voyons ! laisse là tes projets et tes propos méchants ! Comme aux jours d'autrefois, reviens manger et boire ; les Achéens feront tout ce que tu désires : on te donne un navire et des rameurs de choix ; tu vas pouvoir voler vers la bonne Pylos pour entendre parler de ton illustre père.

Posément, Télémaque le regarda et dit :

– Antinoos, merci ! subir vos insolences, me taire en vos festins, jouir et paresser ! Ne vous suffit-il pas d'avoir, ô prétendants, pillé dans mon domaine et le gros et le choix, tant que j'étais enfant ?... Maintenant, j'ai grandi !... J'entends autour de moi des mots qui me renseignent !... et j'ai grandi de cœur !... Je veux tout essayer pour déchaîner sur vous les déesses mauvaises, soit que j'aille à Pylos, soit que je reste ici, en ce pays d'Ithaque. Je ferai ce voyage, et non sans résultat ; c'est moi qui vous l'annonce. Je trouverai passeur, faute d'avoir à moi le navire et les hommes que votre bon plaisir vient de me refuser.

Il dit et s'arracha des mains d'Antinoos. (…)

*

La nuit-même, Télémaque quitte secrètement Ithaque pour Pylos où le vieux roi Nestor le reçoit dans son palais. Il évoque assez longuement le siège de Troie et dit son admiration pour Ulysse.

Puis, le roi encourage Télémaque à se rendre à Sparte, chez le roi Ménélas.

Athéna presse le départ...

*

Accompagné de Pisistrate, un des fils du roi Nestor, Télémaque arrive à Sparte. Émerveillé par la splendeur du palais, Télémaque confie ses impressions à son ami :

– Vois donc, fils de Nestor, cher ami de mon cœur ! sous ces plafonds sonores, vois les éclairs de l'or, de l'électron, du bronze, de l'argent, de l'ivoire !... Zeus a-t-il plus d'éclat au fond de son Olympe ?

L'Odyssée

41

Il disait ; mais le blond Ménélas entendit et, se tournant vers eux, leur dit en ces mots ailés :

– Chers enfants, Zeus n'a pas de rival ici-bas !... Chez lui, rien n'est mortel, ni maisons ni richesses. Quant aux humains, comment savoir s'il en est un qui m'égale en richesses ?... Mais qu'il m'en a coûté de maux et d'aventures, pour ramener mes vaisseaux pleins, après sept ans ! aventures en Chypre, en Phénicie, en Égypte, [en Éthiopie] et en Libye... [Aussi n'ai-je] plus de joie à régner sur ces biens ! vos pères, quels qu'ils soient, ont dû vous le conter : que de maux j'ai soufferts, quel foyer j'ai perdu, peuplé d'êtres si chers, avec une si belle et si grande opulence... Plût au ciel que, n'ayant qu'un tiers de ces richesses, j'eusse vécu chez moi et qu'ils fussent en vie, tous les héros tombés dans la plaine de Troie, si loin de notre Argos, de nos prés d'élevage ! Ah ! sur eux, sur eux tous, je pleure et me lamente ! Je sanglote parfois pour soulager mon cœur, et parfois je m'arrête : du frisson des sanglots, l'homme est si tôt lassé ! Oui, sur eux tous, je pleure ; mais en cette tristesse, il est une mémoire qui m'obsède partout, au lit comme au festin, car nul des Achéens ne sut peiner pour moi comme peinait Ulysse, et d'un si bel élan ! Dire qu'il n'a trouvé que souffrances au bout ! Pour moi, c'est un chagrin qui jamais ne me quitte de le savoir toujours absent et d'ignorer son salut ou sa mort !... Et sur lui, comme moi, pleurent le vieux Laërte, la sage Pénélope et son fils Télémaque, qu'il dut, à peine né, laisser en sa maison.

Le lendemain, Ménélas interroge Télémaque sur ce qui se passe à Ithaque puis lui rapporte ce que le dieu Protée lui a révélé sur le sort des Achéens, en particulier sur celui d'Ulysse :

Je l'ai vu dans une île pleurer à chaudes larmes ; la nymphe Calypso, qui le tient prisonnier, là-bas, dans son manoir, l'empêche de rentrer au pays de ses pères.

Alors le fils d'Ulysse supplie Ménélas de ne pas le retenir plus longtemps. Attendri, le roi le comble de cadeaux et promet de faciliter son départ...

*

Mais pendant ce temps, à Ithaque, les prétendants apprennent le départ secret de Télémaque. Furieux, Antinoos décide de lui dresser une embuscade à son retour.

*

Pendant ce temps, les dieux tiennent une seconde assemblée pour décider du retour d'Ulysse.

Jupiter demande à Hermès de se rendre chez la nymphe Calypso pour lui transmettre l'ordre de laisser partir Ulysse : son destin est de rentrer à Ithaque.

Hermès chausse ses divines sandales, prend sa baguette d'or et s'envole sur la mer. Il arrive dans l'île de Calypso et la trouve dans sa grotte.

Il la trouva chez elle, auprès de son foyer où flambait un grand feu. On sentait du plus loin le cèdre pétillant et le thuya, dont les fumées embaumaient l'île. Elle était là-dedans, chantant à belle voix et tissant au métier de sa navette d'or. Autour de la caverne, un bois avait poussé sa futaie vigoureuse : aunes et peupliers et cyprès odorants, où gîtaient les oiseaux à la large envergure, chouettes, éperviers et criardes corneilles, qui vivent dans la mer et travaillent au large.

Au rebord de la voûte, une vigne en sa force éployait ses rameaux, toute fleurie de grappes, et près l'une de l'autre, en ligne, quatre sources versaient leur onde claire, puis leurs eaux divergeaient à travers des prairies molles, où verdoyaient persil et violettes. Dès l'abord en ces lieux, il n'est pas d'Immortel qui n'aurait eu les yeux charmés, l'âme ravie. Le dieu aux rayons clairs restait à contempler. Mais, lorsque, dans son cœur, il eut tout admiré, il se hâta d'entrer dans la vaste caverne et, dès qu'il apparut aux yeux de Calypso, vite il fut reconnu par la toute divine : jamais deux Immortels ne peuvent s'ignorer, quelque loin que l'un d'eux puisse habiter de l'autre.

Dans la caverne, Hermès ne trouva pas Ulysse.

[Dès qu'elle eut entendu les ordres de Zeus, l'auguste nymphe alla vers Ulysse au grand cœur.]

Il était sur le cap, toujours assis, les yeux toujours baignés de larmes, perdant la douce vie à pleurer le retour. C'est qu'il ne goûtait plus les charmes de la Nymphe ! La nuit, il fallait bien qu'il rentrât auprès d'elle, au creux de ses cavernes : il n'aurait pas voulu : c'est elle qui voulait ! Mais il passait les jours, assis aux rocs des grèves, promenant ses regards sur la mer inféconde et répandant des larmes. Debout à ses côtés, cette toute divine avait pris la parole :

– Je ne veux plus qu'ici, pauvre ami ! dans les larmes, tu consumes tes jours. Me voici toute prête à te congédier. Prends les outils de bronze, abats de longues poutres, unis-les pour bâtir le plancher d'un radeau !... dessus, tu planteras un gaillard en hauteur, qui puisse te porter sur la brume des mers. Moi, quand j'aurai chargé le pain, l'eau, le vin rouge et toutes les douceurs pour t'éviter la faim, et lorsque je t'aurai fourni de vêtements, je te ferai souffler une brise d'arrière, qui te ramènera, sain et sauf, au pays..., s'il plaît aux Immortels, maîtres des champs du ciel : ils peuvent mieux que moi décider et parfaire.

En quatre jours, le radeau est terminé. Ulysse s'embarque sous des vents favorables. Il navigue dix-sept jours et arrive en vue de la Phéacie. Mais Poséidon déchaîne alors une terrible tempête.

Un grand flot le frapp[a] : choc terrible ! le radeau capota : Ulysse au loin tomba hors du plancher ; la barre échappa de ses mains, et la fureur des vents, confondus en bourrasque, cassant le mât en deux, emporta voile et vergue au loin, en pleine mer. Lui-même, il demeura longtemps enseveli, sans pouvoir remonter sous l'assaut du grand flot et le poids des habits que lui avait donnés Calypso la divine. Enfin il émergea de la vague ; sa bouche rejetait l'âcre écume dont ruisselait sa tête. Mais, tout meurtri, il ne pensa qu'à son radeau : d'un élan dans les flots, il alla le reprendre, puis s'assit au milieu pour éviter la mort et laissa les grands flots l'entraîner çà et là au gré de leurs courants...

La fille de Cadmus, la déesse Ino aux belles chevilles, l'aperçoit et lui donne un voile magique pour atteindre la rive, à la nage. Pendant deux jours et deux nuits, Ulysse dérive et maintes fois son cœur entrevoit la mort...
À grand-peine, et grâce à la protection d'Athéna, il parvient, toutefois, à l'embouchure d'un fleuve.

La plage était sans roche, abritée de tout vent.
Il reconnut [un estuaire] et pria dans son âme :
– Écoute-moi, seigneur, dont j'ignore le nom ! je viens à toi, que j'ai si longtemps appelé, pour fuir hors de ces flots Poséidon et sa rage ! Les Immortels aussi n'ont-ils pas le respect d'un pauvre naufragé, venant, comme aujourd'hui je viens à ton courant, je viens à tes genoux, après tant d'infortunes ? Accueille en ta pitié, seigneur, le suppliant qui, de toi, se réclame !
Il dit : le dieu du fleuve suspendit son courant, laissa tomber sa barre et, rabattant la vague au-devant du héros, lui offrit le salut sur sa grève avançante. Les deux genoux d'Ulysse et ses vaillantes mains retombèrent inertes : les assauts de la vague avaient rompu son cœur ; la peau de tout son corps était tuméfiée ; la mer lui ruisselait de la bouche et du nez ; sans haleine et sans voix, il était étendu, tout près de défaillir sous l'horrible fatigue.

S'éloignant du fleuve, Ulysse entre dans une forêt et, exténué, se couche sous une couverture de feuilles.
Il est enfin parvenu en Phéacie.

*

Pendant ce temps, Athéna se rend au palais du roi des Phéaciens, Alcinoos.
La déesse apparaît en rêve à Nausicaa, la fille du roi et lui conseille d'aller, dès l'aurore, laver ses plus beaux vêtements dans les eaux du fleuve, pour préparer ses noces.

À son réveil, Nausicaa obtient de son père une voiture attelée de mules.

Les mules amenées, on les mit sous le joug et tandis que la [jeune fille] apportant du cellier ce linge aux clairs reflets, le déposait dans la voiture aux bois polis, sa mère, en un panier, ayant chargé les vivres, ajoutait d'autres mets et toutes les douceurs, puis remplissait de vin une outre en peau de chèvre.

Alors Nausicaa monta sur la voiture. Sa mère lui tendit, dans la fiole d'or, une huile bien fluide pour se frotter après le bain, elle et ses femmes. La [jeune fille] prit le fouet et les rênes luisantes. Un coup pour démarrer, et mules, s'ébrouant, de s'allonger à plein effort et d'emporter le linge et la princesse ; à pied, sans la quitter, ses femmes la suivaient.

On atteignit le fleuve aux belles eaux courantes. Les lavoirs étaient là, pleins en toute saison. Une eau claire sortait à flots de sous les roches, de quoi pouvoir blanchir le linge le plus noir. Les mules dételées, on les tira du char et, les lâchant au long des cascades du fleuve, on les mit paître l'herbe à la douceur de miel. Les femmes avaient pris le linge sur le char et, le portant à bras dans les trous de l'eau sombre, rivalisaient à qui mieux mieux pour le fouler. On lava, on rinça tout ce linge sali ; on l'étendit en ligne aux endroits de la grève où le flot quelquefois venait battre le bord et lavait le gravier. On prit le bain et l'on se frotta d'huile fine, puis, tandis que le linge au clair soleil séchait, on se mit au repas sur les berges du fleuve.

Une fois régalées, servantes et maîtresse chantent, dansent et jouent à la balle.
C'est alors qu'Athéna intervient dans leurs jeux.

[Nausicaa lança] la balle à l'une de ses suivantes ; mais la balle, manquant la servante, tomba au trou d'une cascade. Et filles aussitôt de pousser les hauts cris ! et le divin Ulysse éveillé, de s'asseoir ! (…)

Sa main cassa un rameau bien feuillu pour cacher sa nudité, puis il s'avança vers les jeunes filles qui, effrayées, prirent la fuite. Seule demeura Nausicaa. Ulysse implora son aide.

[Nausicaa] aux bras blancs le regarda et dit :

— Tu sais bien, étranger, car tu n'as pas la mine d'un sot ni d'un vilain, que Zeus, de son Olympe, répartit le bonheur aux vilains comme aux nobles, ce qu'il veut pour chacun : s'il t'a donné ces maux, il faut bien les subir. Mais puisque te voilà en notre ville et terre, ne crains pas de manquer ni d'habits ni de rien que l'on doive accorder, en pareille rencontre, au pauvre suppliant. Vers le bourg, je serai ton guide et te dirai le nom de notre peuple... C'est à nos Phéaciens qu'est la ville et sa terre, et moi, du fier Alcinoos, je suis la fille, du roi qui tient en main la force et la puissance de cette Phéacie.

Nausicaa propose ensuite à Ulysse de la suivre jusqu'au palais de son père.

*

Que de trouble en son cœur, devant le seuil de bronze ! car, sous les hauts plafonds du fier Alcinoos, c'était comme un éclat de soleil et de lune ! Du seuil jusques au fond, deux murailles de bronze s'en allaient, déroulant leur frise d'émail bleu. Des portes d'or s'ouvraient dans l'épaisse muraille : les montants, sur le seuil de bronze, étaient d'argent ; sous le linteau d'argent, le corbeau était d'or, et les deux chiens du bas, que l'art le plus adroit d'Héphaïstos avait faits pour garder la maison du fier Alcinoos, étaient d'or et d'argent.

Aux murs, des deux côtés, s'adossaient les fauteuils en ligne continue, du seuil jusques au fond ; sur eux, étaient jetés de fins voiles tissés par la main des servantes. C'était là que siégeaient [les chefs des Phéaciens].

Des éphèbes en or, sur leurs socles de pierre, se dressaient, torche en main pour éclairer, de nuit, la salle et les convives.

Des cinquante servantes qui vivent au manoir, les unes sous la meule écrasent le blé d'or, d'autres tissent la toile ou tournent la quenouille, comme tourne la feuille au haut du peuplier ; des tissus [serrés coule l'huile fluide]. Autant les Phéaciens sur le reste des hommes l'emportent à pousser dans les flots un croiseur, sur les femmes autant l'emportent leurs tisseuses, Athéna leur ayant accordé entre toutes la droiture du cœur et l'adresse des mains. Aux côtés de la cour, on voit un grand jardin, avec ses quatre arpents enclos dans une enceinte. C'est d'abord un verger dont les hautes ramures, poiriers et grenadiers et pommiers aux fruits d'or et puissants oliviers et figuiers domestiques, portent, sans se lasser ni s'arrêter, leurs fruits. (…)

Plus loin, chargé de fruits, c'est un carré de vignes, dont la moitié, sans ombre, au soleil se rôtit, et déjà l'on vendange et l'on foule les grappes. (…)

Enfin, les derniers ceps bordent les plates-bandes du plus soigné, du plus complet des potagers ; vert en toute saison, il y coule deux sources ; l'une est pour le jardin, qu'elle arrose en entier, et l'autre, sous le seuil de la cour, se détourne vers la haute maison, où s'en viennent à l'eau tous les gens de la ville. Tels étaient les présents magnifiques des dieux au roi Alcinoos.

Le divin Ulyssse restait à contempler.

Alcinoos souhaite la bienvenue à Ulysse et lui promet de convoquer les Phéaciens, dès le lendemain, pour préparer son retour.

Le lendemain, pendant qu'on prépare le vaisseau, un festin est servi au palais. L'aède chante des épisodes de la guerre de Troie. Ulysse est profondément ému et cache ses larmes. Seul Alcinoos le voit, entend sa souffrance et lui demande son nom :

[Je] suis Ulysse, oui, ce fils de Laërte, de qui le monde entier chante toutes les ruses et porte aux nues la gloire. Ma demeure d'Ithaque est perchée comme une aire, sous le Nérite aux bois tremblants, au beau profil. Des îles habitées se pressent tout autour, Doulichion, Samé, Zante la forestière ; mais, au fond du noroît, sur la mer, mon Ithaque apparaît la plus basse, laissant à l'est et au midi les autres îles. Elle n'est que rochers, mais nourrit de beaux gars : cette terre ! il n'est rien à mes yeux de plus doux.

[Après s'être nommé, Ulysse commence le récit de ses aventures, depuis son départ de troie.]

Parmi ses aventures, Ulysse évoque son arrivée au pays des Cyclopes, ces géants sans lois.

[Lorsque le cyclope Polyphème aperçut Ulysse et ses compagnons, il les interrogea :]

– Étrangers, votre nom ? D'où nous arrivez-vous sur les routes des ondes ? Faites-vous le commerce ?... N'êtes-vous que pirates qui, follement, courez et croisez sur les flots et, risquant votre vie, vous en allez piller les côtes étrangères ?

Il disait. Nous sentions notre cœur éclater, sous la peur de ce monstre et de sa voix terrible. (…)

[*Ulysse répondit par d'astucieuses paroles mais le géant ne dit mot.*]

– [Soudain,] sur mes compagnons s'élançant, mains ouvertes, il en prend deux ensemble et, comme petits chiens, il les rompt contre terre : leurs cervelles, coulant sur le sol, l'arrosaient ; puis, membre à membre, ayant déchiqueté leurs corps, il en fait son souper ; à le voir dévorer, on eût dit un lion, nourrisson des montagnes ; entrailles, viandes, moelle, os, il ne laisse rien. Nous autres, en pleurant, tendions les mains vers Zeus !... voir cette œuvre d'horreur !... se sentir désarmé !...

Quand enfin le Cyclope a la panse remplie de cette chair humaine et du lait [pur] qu'il buvait par-dessus, il s'allonge au milieu de ses bêtes dans l'antre.

Ulysse raconte alors comment, grâce à une massue d'olivier et au breuvage qu'il lui fit boire, il réduisit à l'impuissance le monstre anthropophage.

Je vois bientôt le vin l'envahir jusqu'au cœur. Alors, pour l'aborder, j'essaie des plus doux mots :

– Tu veux savoir mon nom le plus connu, Cyclope ? Je m'en vais te le dire ; mais tu me donneras le présent annoncé. C'est Personne, mon nom ; oui ! Mon père et ma mère et tous mes compagnons m'ont surnommé Personne.

Je disais ; mais ce cœur sans pitié me répond :

– Eh bien ! Je mangerai Personne le dernier, après tous ses amis ; le reste ira devant, et voilà le présent que je te fais, mon hôte !

Il se renverse alors et tombe sur le dos... Bientôt nous le voyons ployer son col énorme, et le sommeil le prend, invincible dompteur. Mais sa gorge rendait du vin, des chairs humaines, et il rotait, l'ivrogne ! J'avais saisi le pieu ; je l'avais mis chauffer sous le monceau des cendres ; je parlais à mes gens pour les encourager : si l'un d'eux, pris de peur, m'avait abandonné !...

Quand le pieu d'olivier est au point de flamber, – tout vert qu'il fut encore, on en voyait déjà la terrible lueur, – je le tire du feu ; je l'apporte en courant ; mes gens, debout, m'entourent : un dieu les animait d'une nouvelle audace. Ils soulèvent le pieu : dans le coin de son œil, ils en fichent la pointe. Moi, je pèse d'en haut et je le fais tourner... Vous avez déjà vu percer à la tarière des poutres de navire, et les hommes tirer et rendre la courroie, et l'un peser d'en haut, et la mèche virer, toujours en même place ! C'est ainsi qu'en son œil, nous tenions et tournions notre pointe de feu, et le sang bouillonnait autour du pieu brûlant : paupière et sourcils n'étaient plus que vapeurs de la prunelle en flammes, tandis qu'en grésillant, les racines flambaient... Dans l'eau froide du bain qui trempe le métal, quand [un forgeron] plonge une grosse hache ou bien une [cognée], le fer crie et gémit. C'est ainsi qu'en son œil, notre olivier sifflait... Il eut un cri de fauve. La roche retentit. Mais nous, épouvantés, nous étions déjà loin.

*

Ulysse atteint ensuite l'île d'Éole ; parvient chez les Lestrygons, peuple anthropophage, puis aborde à l'île d'Aiaié où demeure Circé, fille du Soleil.

Le héros envoie en exploration quelques-uns de ses compagnons. La magicienne leur fait boire un philtre qui les métamorphose en pourceaux. Mais grâce au secours d'Hermès – qui lui remet une herbe magique – Ulysse échappera aux sortilèges de Circé et gagnera même son amour !...

Au manoir de Circé, j'entrais : que de pensées bouillonnaient dans mon cœur !

Sous le porche de la déesse aux belles boucles, je m'arrête et je crie ; la déesse m'entend. Elle accourt à ma voix. Elle sort et, m'ouvrant sa porte reluisante, elle m'invite, et moi, je la suis en dépit du chagrin de mon cœur. Elle m'installe en un fauteuil aux clous d'argent et, dans la coupe d'or dont je vais me servir, elle fait son mélange : elle y verse la drogue, ah ! l'âme de traîtresse !... Elle me tend la coupe : d'un seul trait, je bois tout.

Le charme est sans effet, même après que, m'ayant frappé de sa baguette, elle dit et déclare :

– Maintenant, viens [à l'étable à porcs] coucher près de tes gens !

Elle disait ; mais moi, j'ai, du long de ma cuisse, tiré mon glaive à pointe ; je lui saute dessus, fais mine de l'occire. Elle pousse un grand cri, s'effondre à mes genoux, les prend, me prie, me dit ces paroles ailées :

– Quel est ton nom, ton peuple, et ta ville et ta race ?... Quel grand miracle ! Quoi ! sans être ensorcelé, tu m'as bu cette drogue !... Jamais, au grand jamais, je n'avais vu mortel résister à ce charme, dès qu'il en avait bu, dès que cette liqueur avait franchi ses dents : il faut qu'habite en toi un esprit invincible. C'est donc toi qui serais Ulysse aux mille tours ?... Le dieu aux rayons clairs, à la baguette d'or, m'avait toujours prédit qu'avec son noir croiseur, il viendrait, cet Ulysse, à son retour de Troie...

Sous le charme d'Ulysse, Circé consent à redonner forme humaine à ses compagnons. Elle consent également au retour du héros mais à une terrible condition : accomplir d'abord un autre voyage et parvenir aux Enfers. Ulysse évoque donc, devant les Phéaciens, ce voyage au royaume d'Hadès...

Glacé d'effroi Ulysse a quitté le monde des Enfers pour retourner à l'île d'Aiaié où Circé, avant de le laisser repartir, le met en garde contre les dangers qu'il lui reste encore à affronter, en particulier les deux Écueils entre lesquels son vaisseau va se trouver pris :

Nous entrons dans la passe et voguons angoissés. Nous avons d'un côté la divine Charybde et, de l'autre, Scylla. Quand Charybde vomit, toute la mer bouillonne et retentit comme un bassin sur un grand feu : l'écume en rejaillit jusqu'au haut des Écueils et les couvre tous deux. Quand Charybde engloutit à nouveau l'onde amère, on la voit, dans son trou, bouillonner tout entière ; le rocher du pourtour mugit terriblement ; tout en bas, apparaît un fond de sables bleus... Ah ! la terreur qui prit et fit verdir mes gens !

Mais, tandis que nos yeux regardaient vers Charybde d'où nous craignions la mort, Scylla nous enlevait dans le creux du navire six compagnons, les meilleurs bras et les plus forts : me retournant pour voir le croiseur et mes gens, je n'aperçois les autres qu'emportés en plein ciel, pieds et mains battant l'air, et criant, m'appelant ! et répétant mon nom, pour la dernière fois : quel effroi dans leur cœur ! Sur un cap avancé, quand, au bout de sa gaule, le pêcheur a lancé vers les petits poissons l'appât trompeur et la corne du bœuf champêtre, on le voit brusquement rejeter hors de l'eau sa prise frétillante. Ils frétillaient ainsi, hissés contre les pierres, et Scylla, sur le seuil de l'antre, les mangeait. Ils m'appelaient encore ; ils me tendaient les mains en cette lutte atroce !...

Non ! jamais, de mes yeux, je ne vis telle horreur, à travers tous les maux que m'a valus sur mer la recherche des passes !

Après avoir échappé aux Écueils, Ulysse dérive pendant neuf jours. Les vents du Sud le portent vers Ogygie où l'accueille Calypso aux belles boucles.

Ainsi s'achèvent les récits d'Ulyse chez Alcinoos. Le lendemain, le héros fait ses adieux aux Phéaciens.

Pendant son sommeil, Ulysse est transporté à Ithaque par les Phéaciens.

Quelle joie ressentit le héros d'endurance ! Il connut le bonheur, cet Ulysse divin. Sa terre ! il en baisait la glèbe nourricière, puis, les mains vers le ciel, il invoquait les Nymphes :

– Ô vous, filles de Zeus, ô Nymphes, ô Naïades, que j'ai cru ne jamais revoir, je vous salue !... Acceptez aujourd'hui mes plus tendres prières. Bientôt, comme autrefois, vous aurez nos offrandes, si la fille de Zeus, la déesse au butin, me restant favorable, m'accorde, à moi, de vivre, à mon fils, de grandir !

Athéna, la déesse aux yeux pers, l'incitait :

– Courage ! et que ton cœur écarte un tel souci (...) Songe à tourner tes coups sur ces gens éhontés, qu'on voit, depuis trois ans, usurper ton manoir et, le prix à la main, vouloir prendre ta femme. Elle, c'est ton retour que son âme attristée attend de jour en jour ; mais il lui faut à tous donner des espérances, envoyer à chacun promesses et messages, quand elle a dans l'esprit de tout autres projets.

Ulysse l'avisé lui fit cette réponse :

– Misère ! ah ! j'allais donc trouver en mon manoir, comme l'Atride Agamemnon, le jour fatal, si tu n'étais venue tout me dire, ô déesse. Mais voyons, trame-moi le plan de ma vengeance ! et reste à mes côtés pour me verser la même audace valeureuse qu'au jour où, d'Ilion, nous avons arraché les voiles éclatants !... Si d'une telle ardeur, ô déesse aux yeux pers, tu venais m'assister, j'irais me mesurer contre trois cents guerriers.

Athéna, la déesse aux yeux pers, répliqua :

– Oui, toujours et partout, quand nous devrons agir, je serai près de toi, sans te manquer jamais. Ces seigneurs prétendants qui dévorent tes vivres, ah ! je les vois déjà, de leur sang et cervelle, arroser tout le sol ! Quand je t'aurai rendu méconnaissable à tous, à ta femme, à ton fils qu'au manoir tu laissas, il faudra tout d'abord t'en aller chez Eumée, le chef de tes porchers : il te garde son cœur ; il chérit ton enfant, ta sage Pénélope ; c'est près de ses pourceaux que tu le trouveras (...)

Restes-y pour attendre et pour te renseigner, tandis que je m'en vais jusqu'à [Sparte], la ville aux belles femmes : je veux

L'Odyssée

te ramener, chez Ulysse, ton fils ! Télémaque est parti vers Sparte savoir de Ménélas si l'on parlait de toi, si tu vivais encore.

Ulysse l'avisé lui fit cette réponse :

– Et pour quelle raison ne lui as-tu rien dit, toi, dont l'esprit sait tout ?... Tu voulais qu'à son tour, sur la mer inféconde, il errât et souffrît, pendant que son avoir est mangé par ces gens ?

Athéna, la déesse aux yeux pers, répliqua :

– Oh ! pour lui, que ton cœur ne soit point en souci !... C'est moi qui l'ai conduit, voulant qu'en ce voyage, il acquît bon renom : sans l'ombre d'une peine, il reste bien tranquille au manoir de l'Atride et ne manque de rien.

*

Déguisé en mendiant, Ulysse arrive à la cabane du porcher Eumée, son fidèle serviteur : le vieil homme le reçoit de bon cœur et, comme Ulysse le remercie avec chaleur, il lui dit :

– Étranger, ma coutume est d'honorer les hôtes, quand même il m'en viendrait de plus piteux que toi ; étrangers, mendiants, tous nous viennent de Zeus ; ne dit-on pas : petite aumône, grande joie ?... Je fais ce que je puis : tu sais que serviteur vit toujours dans la crainte, quand il faut obéir à des maîtres stupides. Ah ! celui dont les dieux entravent le retour, quels soins et quels égards, il aurait eus pour moi ! Il m'aurait établi ! maison, lopin de champ et femme de grand prix, il m'aurait accordé tout ce qu'on peut attendre du bon cœur de son maître, après un long travail que bénissent les dieux. Tu vois qu'ils ont béni ce coin où je m'attache. Vieillissant parmi nous, le maître m'eût comblé. Mais, nous l'avons perdu... Ah ! qu'Hélène et sa race auraient dû disparaître ! Car lui aussi partit, vers Troie la poulinière, combattre les Troyens pour l'honneur de l'Atride.

Il dit et, par-dessus sa robe, prestement, il serra sa ceinture ; puis, s'en allant aux [étables], où restait enfermé le peuple des gorets, il en prit une paire, les rapporta, les immola, les fit flamber et, les ayant tranchés menu, les embrocha.

Quand ce rôti fut prêt, il l'apporta fumant, le mit devant

Ulysse, à même sur les broches, en saupoudra les chairs d'une blanche farine, mélangea dans sa jatte un vin fleurant le miel et prit un siège en face, en invitant son hôte :

– Allons ! mange, notre hôte !... dîner de serviteurs !... de simples porcelets ! car nos cochons à lard, les prétendants les croquent, sans un remords au cœur et sans pitié d'autrui. Ah ! les dieux bienheureux détestent l'injustice : c'est toujours l'équité que le ciel récompense, et la bonne conduite !

*

Pendant qu'Eumée prend bien soin de son hôte, Télémaque, rappelé par Athéna à ses devoirs, est revenu à Ithaque. Il arrive chez le porcher qui laisse éclater sa joie ; Ulysse, toujours déguisé en mendiant, assiste à la scène ; c'est alors qu'Athéna décide de le rendre reconnaissable à son fils.

Le touchant de sa baguette d'or, Athéna lui remit d'abord sur la poitrine sa robe et son écharpe tout fraîchement lavée, puis lui rendit sa belle allure et sa jeunesse : sa peau redevint brune, et ses joues bien remplies ; sa barbe aux bleus reflets lui revint au menton ; le miracle achevé, Athéna disparut.

Quand Ulysse rentra dans la loge, son fils, plein de trouble et d'effroi, détourna les regards, craignant de voir un dieu, puis, élevant la voix, lui dit ces mots ailés :

– Quel changement, mon hôte !... à l'instant, je t'ai vu sous d'autres vêtements ! et sous une autre peau ! Serais-tu l'un des dieux, maîtres des champs du ciel ?... Du moins, sois-nous propice ; prends en grâce les dons, victime ou vases d'or, que nous voulons t'offrir, et laisse-nous la vie !

Le héros d'endurance, Ulysse le divin, lui fit cette réponse :

– Je ne suis pas un dieu ! pourquoi me comparer à l'un des Immortels ?... crois-moi : je suis ton père, celui qui t'a coûté tant de pleurs et d'angoisses et pour qui tu subis les assauts de ces gens !... [Je suis ton père ! Après tant de malheurs, après tant d'aventures, je reviens au pays.] (…)

À ces mots, il reprit sa place et Télémaque, tenant son noble père embrassé, gémissait et répandait des larmes !... Il leur prit à tous deux un besoin de sanglots. Ils pleuraient [bruyamment].

L'émotion des retrouvailles apaisée, le père et le fils mettent au point un plan de bataille contre les prétendants.

Ulysse donne ses instructions à Télémaque :

Demain, tu t'en iras, dès la pointe du jour, retrouver au logis ces fous de prétendants ; un peu plus tard, Eumée me conduira en ville ; j'aurai repris les traits d'un vieux pauvre et mes loques. Quels que soient les affronts qu'au logis je rencontre, que ton cœur se résigne à me voir maltraité ! Si même tu les vois me traîner par les pieds, à travers la grand-salle, et me mettre dehors ou me frapper de loin, laisse faire ! regarde ! ou, pour les détourner de leurs folies, n'emploie que les mots les plus doux ; ils te refuseront ; car pour eux, aura lui la journée du destin ! Écoute un autre avis, et le mets en ton cœur. Sur l'avis d'Athéna, la bonne conseillère, tu me verras te faire un signe de la tête ; dès que tu l'auras vu, ramasse, en la grand-salle, tous les engins de guerre qui s'y peuvent trouver, puis va les entasser au fond du haut trésor...

*

Le lendemain, tandis que Télémaque se rend chez sa mère, Ulysse qui a repris son déguisement, se dirige vers la ville, en compagnie d'Eumée.

Et le couple partit, en laissant la cabane à la garde des chiens et des autres bergers. Le porcher conduisait à la ville son roi... : son roi, ce mendiant, ce vieillard lamentable ! quel sceptre dans sa main ! quels haillons sur sa peau !... (…)

Devant le manoir, Ulysse et le divin porcher avaient fait halte ; autour d'eux, bourdonnait un bruit [de phorminx] creuse ; car Phémios, avant de chanter, préludait.

Ulysse prit la main du porcher et lui dit :

– Eumée, ce beau manoir, c'est bien celui d'Ulysse ?... Il est facile à reconnaître entre cent autres. On le distingue à l'œil : quelle enceinte à la cour ! quel mur et quelle frise ! et ce portail à deux barres, quelle défense ! je ne sais pas d'humain qui puisse le forcer. Là-dedans, j'imagine, un festin est servi à de nombreux convives : sens-tu l'odeur des graisses ?... entends-tu la [phorminx], que les dieux ont donnée pour compagne au festin ?

Mais toi, porcher Eumée, tu lui dis en réponse :

– Tu l'as bien reconnu ; en ceci comme en tout, non ! tu n'as rien d'un sot !... (…)

Pendant qu'ils échangeaient ces paroles entre eux, un chien couché leva la tête et les oreilles ; c'était Argos, le chien que le vaillant Ulysse achevait d'élever, quand il fallut partir vers la sainte Ilion, sans en avoir joui. Avec les jeunes gens, Argos avait vécu, courant le cerf, le lièvre et les chèvres sauvages. Négligé maintenant, en l'absence du maître, il gisait, étendu au-devant du portail, sur le tas de fumier des mulets et des bœufs où les servants d'Ulysse venaient prendre de quoi fumer le grand domaine ; c'est là qu'Argos était couché, couvert de poux. Il reconnut Ulysse en l'homme qui venait et, remuant la queue, coucha les deux oreilles : la force lui manqua pour s'approcher du maître.

Ulysse l'avait vu : il détourna la tête en essuyant un pleur...

L'entrée du faux mendiant dans la grande salle soulève moqueries et querelles... Pénélope prend la défense de l'étranger.

Le soir, resté seul avec son fils Télémaque, Ulysse, inspiré par Athéna, lui donne ses dernières instructions. L'atmosphère est étrange...

Seul, le divin Ulysse restait en la grand-salle à méditer, avec le secours d'Athéna, la mort des prétendants.

Soudain, à Télémaque, il dit ces mots ailés :

– Télémaque, il te faut emporter au trésor tous les engins de guerre et, si les prétendants en remarquaient l'absence et voulaient des raisons, paie-les de gentillesses ; dis-leur : « Je les ai mis à l'abri des fumées : qui pourrait aujourd'hui reconnaître ces armes qu'à son départ pour Troie, Ulysse avait laissées ? Les vapeurs du foyer les ont mangées de rouille !... Et voici l'autre idée qu'un dieu m'a mise en tête : j'ai redouté surtout qu'un jour de beuverie, une rixe entre vous n'amenât des bles-

sures et ne souillât ma table et vos projets d'hymen ; de lui-
même, le fer attire à lui son homme. »

Il dit, et Télémaque obéit à son père. (...)

Ulysse, s'élançant avec son noble fils, emportait au trésor
casques, lances aiguës et boucliers à bosses, et, de sa lampe
d'or, c'est Pallas Athéna qui faisait devant eux la plus belle
lumière.

À son père, soudain, Télémaque parla :

– Père, devant mes yeux, je vois un grand miracle. À travers
le manoir, les murs, les belles niches, les poutres de sapin et les
hautes colonnes scintillent à mes yeux comme une flamme
vive... Ce doit être un des dieux, maîtres des champs du ciel.

Ulysse l'avisé lui fit cette réponse :

– Tais-toi ! bride ton cœur ! et ne demande rien ! C'est la
façon des dieux, des maîtres de l'Olympe... Mais rentrons ! Va
dormir ! Je veux rester ici pour éprouver encore les [servantes]
et ta mère ; en pleurant, elle va m'interroger sur tout.

Il dit et Télémaque, à la lueur des torches, traversa la grand-
salle pour regagner la chambre où, comme tous les soirs, il s'en
allait trouver la douceur du sommeil, et c'est là que, ce soir
encor, il s'endormit jusqu'à l'aube divine.

*

Athéna inspire à Pénélope de soumettre les prétendants à une épreuve.

Pénélope monta sur une planche haute, où les coffres dressés
renfermaient les habits couchés dans les parfums. [Elle] étendit
la main et décrocha l'arc avec le fourreau brillant qui l'entou-
rait. Puis, s'asseyant et les prenant sur ses genoux et pleurant à
grands cris, la reine dégaina du fourreau l'arc du maître, et son
cœur se reput de pleurs et de sanglots. (...)

Elle apparut alors devant les prétendants, cette femme divine,
et, debout au montant de l'épaisse embrasure, ramenant sur ses
joues ses voiles éclatants, elle prit aussitôt la parole et leur dit :

– Écoutez, prétendants fougueux, qui chaque jour fondez sur
ce logis pour y manger et boire les vivres d'un héros parti
depuis longtemps ! Vous n'avez pu trouver d'autre excuse à vos
actes que votre ambition de me prendre pour femme ! eh bien !

ô prétendants, voici pour vous l'épreuve : oui ! voici le grand arc de mon divin Ulysse : s'il est ici quelqu'un dont les mains, sans effort, puissent tendre la corde et, dans les douze haches, envoyer une flèche, c'est lui que je suivrai, quittant cette maison, ce toit de ma jeunesse, si beau, si bien fourni ! que je crois ne jamais oublier, même en songe !

Elle dit et donna l'ordre au divin porcher d'offrir aux prétendants l'arc et les fers polis.

Sur proposition d'Antinoos, le concours est remis au lendemain. Ulysse demande la permission d'essayer ses forces. Tous les prétendants tournent Ulysse en dérision.

Tandis qu'ils parlaient, Ulysse l'avisé finissait de tâter son grand arc, de tout voir. Comme un chanteur, qui sait manier la [lyre], tend aisément la corde neuve sur la clef et fixe à chaque bout le boyau bien tordu, Ulysse alors tendit, sans effort, le grand arc, puis sa main droite prit et fit vibrer la corde, qui chanta bel et clair, comme un cri d'hirondelle.

Pour tous les prétendants, ce fut la grande angoisse : ils changeaient de couleur, quand, d'un grand coup de foudre, Zeus marqua ses arrêts. Le héros d'endurance en fut tout réjoui : il avait bien compris, cet Ulysse divin, que le fils de Cronos, aux pensers tortueux, lui donnait ce présage... Il prit la flèche ailée qu'il avait, toute nue, déposée sur sa table ; les autres reposaient dans le creux du carquois, – celles dont tâteraient bientôt les Achéens. Il l'ajusta sur l'arc, prit la corde et l'encoche et, sans quitter son siège, il tira droit au but...

D'un trou à l'autre trou, passant toutes les haches, la flèche à lourde pointe sortit à l'autre bout, tandis que le héros disait à Télémaque :

– En cette grande salle, où tu le fis asseoir, ton hôte, ô Télémaque, fait-il rire de toi ? Ai-je bien mis au but ?... et, pour tendre cet arc, ai-je fait trop d'efforts ?... Ah ! ma force est intacte, quoi que les prétendants m'aient pu crier d'insultes ! (...)

Et, des yeux, le divin Ulysse fit un signe et son fils aussitôt, passant son glaive à pointe autour de son épaule, reprit en main sa lance, qui dressait près de lui, accotée au fauteuil, la lueur de sa pointe.

*

Alors, jetant ses loques, Ulysse l'avisé sauta sur le grand seuil. Il avait à la main son arc et son carquois plein de flèches ailées. Il vida le carquois devant lui, à ses pieds, puis dit aux prétendants :

– C'est fini maintenant de ces jeux anodins !... Il est un autre but, auquel nul ne visa : voyons si je pourrais obtenir d'Apollon la gloire de l'atteindre !

Il dit et, sur Antinoos, il décocha la flèche d'amertume. L'autre allait soulever sa belle coupe en or ; déjà, de ses deux mains, il en tenait les anses ; il s'apprêtait à boire ; c'est de vin, non de fin, que son âme rêvait !... Qui donc aurait pensé que seul, en plein festin et parmi cette foule, un homme, si vaillant qu'il pût être, viendrait jeter la male mort et l'ombre de la Parque ?

Ulysse avait tiré ; la flèche avait frappé Antinoos au col : la pointe traversa la gorge délicate et sortit par la nuque. L'homme frappé à mort tomba à la renverse ; sa main lâcha la coupe ; soudain, un flot épais jaillit de ses narines : c'était du sang humain ; d'un brusque coup, ses pieds culbutèrent la table, d'où les viandes rôties, le pain et tous les mets coulèrent sur le sol, mêlés à la poussière.

Parmi les prétendants, quand on vit l'homme à terre, ce fut un grand tumulte : s'élançant des fauteuils, ils couraient dans la salle, et, sur les murs bien joints leurs yeux cherchaient en vain où prendre un bouclier ou quelque forte lance. Ils querellaient Ulysse en des mots furieux :

– L'étranger, quel forfait ! Tu tires sur les gens !... Ne pense plus jouter ailleurs ! Ton compte est bon ! La mort est sur ta tête !... C'est le grand chef de la jeunesse en notre Ithaque, que tu viens de tuer ! Aussi, tu vas nourrir les vautours de chez nous.

Ainsi parlaient ces fous, car chacun d'eux pensait qu'Ulysse avait tué son homme par mégarde et, quand la mort déjà les tenait en ses nœuds, pas un ne la voyait !

Ulysse l'avisé les toisa et leur dit :

– Ah ! chiens, vous pensiez donc que, du pays de Troie, jamais je ne devrais rentrer en ce logis ! Vous pilliez ma maison ! Vous entriez de force au lit de mes servantes ! et vous faisiez la cour, moi, vivant, à ma femme !... sans redouter les dieux, maîtres des champs du ciel !... sans penser qu'un vengeur humain pouvait surgir !... Vous voilà maintenant dans les nœuds de la mort !

[Il dit et la pâle terreur les saisit tous : chacun cherchait du regard l'issue qui le sauverait d'une mort affreuse.]

Athéna assiste au combat. Soudain, elle déploie son égide – ce bouclier où était fixée la tête de Méduse –. L'effroi est général...
Phémios, l'aède, vient se jeter aux pieds d'Ulysse plaider son innocence.

– Je suis à tes genoux, Ulysse, épargne-moi !... ne sois pas sans pitié !... Le remords te prendrait un jour d'avoir tué l'aède, le chanteur des hommes et des dieux ! Je n'ai pas eu de maître ! En toutes poésies, c'est un dieu qui m'inspire ! Je saurai désormais te chanter comme un dieu ! Donc résiste à l'envie de me couper la gorge !... Demande à Télémaque ! Il te dira, ton fils, que si je suis ici, si, pour les prétendants, je chantais aux festins, je ne l'ai pas cherché, je ne l'ai pas voulu ! Mais, nombreux et puissants, c'est eux qui m'y forçaient.

[Le robuste et vigoureux] Télémaque entendit ; il courut vers son père et dit en arrivant :

– Arrête ! que ton glaive épargne un innocent !... Sauvons aussi Médon, le héraut ! qui toujours a, dans notre demeure, pris soin de mon enfance !... pourvu que, sous les coups d'Eumée et du bouvier, il n'ait pas succombé ou ne se soit pas mis en travers de ta course !

[Médon l'entendit et sortit de sa cachette.]

Ulysse l'avisé [lui] dit avec un sourire :

– N'aie pas peur ! Grâce à [Télémaque], te voilà hors d'affaire ! Que ton salut te prouve, et va le dire aux autres ! combien est préférable au crime la vertu. Mais sortez du manoir, l'illustre aède et toi ! Asseyez-vous dehors, dans la cour, loin du sang ! Il faut qu'en ce logis, ma besogne s'achève !

Sur ces mots, le héraut et l'aède sortirent. Ils s'en furent s'asseoir à l'autel du grand Zeus ; mais leurs yeux inquiets voyaient partout la mort. Et partout, dans la salle, Ulysse regardait si quelque survivant ne restait pas blotti, cherchant à éviter la Parque ténébreuse. Mais tous étaient couchés dans la boue et le sang : sous ses yeux, quelle foule ! On eût dit des poissons qu'en un creux de la rive, les pêcheurs ont tirés de la mer écumante ; aux mailles du filet, sur les sables, leur tas baille vers l'onde amère, et les feux du soleil leur enlèvent le souffle... C'est ainsi qu'en un tas, gisaient les prétendants.

Ulysse l'avisé dit alors à son fils :

– Télémaque, va-t'en appeler de ma part la nourrice Euryclée ; j'aurais à lui donner un ordre auquel je tiens. (…)

– Pour chasser l'air mauvais, vieille, apporte du soufre et donne-nous du feu : je veux soufrer la salle. Puis va chez Pénélope et la prie de venir avec ses chambrières ; dépêche-nous aussi toutes les autres [servantes].

*

La vieille Euryclée montait chez sa maîtresse : elle riait tout haut à l'idée d'annoncer que l'époux était là ! ses genoux bondissaient ; ses pieds sautaient les marches. Elle était au chevet de la reine ; elle dit :

– Lève-toi, Pénélope ! que tes yeux, chère enfant, revoient enfin l'objet de tes vœux éternels !... Ulysse est revenu : il est dans son manoir ! qu'il a tardé longtemps !... Mais viens ! Il a tué les fougueux prétendants qui pillaient sa maison, lui dévoraient ses biens et maltraitaient son fils.

La plus sage des femmes, Pénélope, reprit :

– Bonne mère, es-tu folle, un dieu peut donc troubler la tête la plus sage ! et donner la sagesse à l'esprit le plus faux ! toi, si posée jadis, c'est un dieu qui t'égare ! Par tous ces racontars, ah ! pourquoi te jouer de ce cœur douloureux ? Pourquoi me réveiller du sommeil qui mettait sur ces paupières closes un joug plein de douceur ? Je n'ai jamais si bien dormi depuis qu'Ulysse est allé voir là-bas cette Troie de malheur...

Même face à Ulysse, Pénélope ne peut croire à son retour. Alors elle va soumettre le héros à sa dernière épreuve.

– Euryclée ! va dans notre chambre aux solides murailles nous préparer le lit que ses mains avaient fait ; dresse les bois du cadre et mets-y le coucher, les feutres, les toisons, avec les draps moirés !

C'était là sa façon d'éprouver son époux. Mais Ulysse indigné méconnut le dessein de sa fidèle épouse :

– Ô femme, as-tu bien dit ce mot qui me torture ?... Qui donc a déplacé mon lit ? le plus habile n'aurait pas réussi sans le secours d'un dieu qui, rien qu'à le vouloir, l'aurait changé de place. Mais il n'est homme en vie, fût-il plein de jeunesse, qui l'eût roulé sans peine...

C'est moi seul, qui l'avais fabriqué sans un aide. Au milieu de l'enceinte, un rejet d'olivier éployait son feuillage ; il était vigoureux et son gros fût avait l'épaisseur d'un pilier : je construisis, autour, en blocs appareillés, les murs de notre chambre ; je la couvris d'un toit et, quand je l'eus munie d'une porte aux panneaux de bois plein, sans fissure, c'est alors seulement que, de cet olivier coupant la frondaison, je donnai tous mes soins à équarrir le fût jusques à la racine, puis, l'ayant bien poli et dressé au cordeau, je le pris pour montant où cheviller le reste ; à ce premier montant, j'appuyai tout le lit dont j'achevais le cadre ; quand je l'eus incrusté d'or, d'argent et d'ivoire, j'y tendis des courroies d'un cuir rouge éclatant... Voilà notre secret !... la preuve te suffit ?... Je voudrais donc savoir, femme, si notre lit est toujours en sa place ou si, pour le tirer ailleurs, on a coupé le tronc de l'olivier.

Il disait : Pénélope sentait se dérober ses genoux et son cœur. (...) Pleurant et s'élançant vers lui et lui jetant les bras autour du cou et le baisant au front, son Ulysse, elle dit :

– Ulysse, excuse-moi !... toujours je t'ai connu le plus sage des hommes ! Nous comblant de chagrin, les dieux n'ont pas voulu nous laisser l'un à l'autre à jouir du bel âge et parvenir ensemble au seuil de la vieillesse ! (...) Mais tu m'as convaincue ! Mon cœur se rend. (...)

Ulysse, à ces mots, pris d'un plus vif besoin de sangloter, pleurait. Il tenait dans ses bras la femme de son cœur, sa fidèle compagne !

Elle est douce, la terre, aux yeux des naufragés, dont Poséidon en mer, sous l'assaut de la vague et du vent, a brisé le solide navire. (…) La vue de son époux lui semblait aussi douce : ses bras blancs ne pouvaient s'arracher à ce cou.

L'Aurore aux doigts de roses les eût trouvés pleurants, sans l'idée qu'Athéna, la déesse aux yeux pers, eut d'allonger la nuit qui recouvrait le monde...

Homère, *L'Odyssée,* Traduction Victor Bérard,
La Pléiade, NRF Gallimard © Armand Colin

L'Énéide

Enée racontant à Didon les malheurs de Troie,
par Guérin, Musée du Louvre, © Photo R.M.N.

De Troie à Rome, le voyage d'Enée

GRÈCE

ASIE MINEURE

Troie
Mont Ida

DÉLOS

CRÈTE

ÉPIRE

ITHAQUE

Sparte

STROPHADES

LATIUM

Rome

Cumes
CAMPANIE
Tarente

Mont Eryx

Etna
SICILE

Carthage

AFRIQUE

INTRODUCTION

L'*Énéide* est un poème en XII chants inspiré de l'Odyssée ; il s'agit aussi d'une épopée : elle évoque les aventures du héros troyen Énée, fils de la déesse Vénus et du mortel Anchise, qui, ayant échappé au massacre de Troie, a pour mission – c'est son destin – de se rendre en Italie et d'y fonder la nation romaine.

À bien des égards cette épopée rappelle son modèle grec : comme dans l'*Odyssée*, le héros vit des aventures hors du commun ; triomphe des plus redoutables épreuves, grâce à la protection des dieux et à d'exceptionnelles qualités.

Cependant, l'*Énéide* est avant tout une épopée romaine, une épopée nationale, dans laquelle Virgile, par le détour d'un mythe ancien, immortalise la nouvelle Rome et l'empereur Auguste, qui lui apporta la paix, la gloire et l'honneur après des années de corruption et de guerres civiles. Énée, ce héros d'élection, flattait l'orgueil national. L'*Énéide* exaltait la grandeur de la Rome éternelle.

Mais cette transformation de l'histoire nous rappelle justement que l'*Énéide* est avant tout une œuvre de fiction, c'est-à-dire d'imagination. C'est surtout sous cet aspect qu'il convient de la lire.

Le poète annonce un grand dessein : « chanter » les exploits du héros troyen Énée.

Longtemps, Énée fut le jouet, et sur terre et sur mer, de la puissance des « Dieux d'En Haut », qu'excitait la colère tenace de la cruelle Junon. Longtemps aussi, Énée eut à souffrir les maux de la guerre avant de fonder une ville et de transporter ses dieux dans le Latium.

Ce fut là l'origine de la race latine, les Albains – ancêtres des Romains – et des remparts de Rome.

Le poète demande ensuite à la Muse de lui rappeler les causes de tant de hasards et de tant d'épreuves :

Jadis une ville occupée par des colons tyriens, Carthage, regardait de loin l'Italie et les bouches du Tibre. Junon la préférait, dit-on, à tout autre séjour.

Là étaient ses armes ; là était son char. Si les destins ne s'y opposent pas, elle rêve et s'efforce déjà d'en faire la reine des nations.

Mais elle avait appris qu'une race, issue du sang troyen renverserait un jour la citadelle tyrienne ; qu'un peuple, régnant au loin et superbe à la guerre, viendrait d'elle pour la ruine de la Libye. Ainsi le voulait le destin.

Aussi, dès que Junon aperçoit les vaisseaux troyens faisant voile vers l'Italie, supplie-t-elle Éole, le dieu des vents, de déchaîner une effroyable tempête.

Les vents, comme formés en colonne, se ruent par la porte qui s'ouvre, et la terre n'est plus qu'un tourbillon. Ils se sont jetés sur la mer : l'Eurus, le Notus, l'Africus chargés d'ouragans, se conjurent, l'arrachent tout entière de ses profonds abîmes et roulent sur les rivages des lames énormes. Les clameurs des hommes se mêlent au cri strident des câbles. Les nuages dérobent subitement aux yeux des Troyens le ciel et le jour. Une nuit ténébreuse se couche sur les eaux. Les cieux tonnent ; l'air s'illumine criblé d'éclairs. Les hommes ne voient autour d'eux que la présence de la mort. Énée sent tout à coup ses membres glacés. Il gémit et, les paumes de ses mains tendues vers les astres : « Trois et quatre fois heureux, s'écrie-t-il, ceux qui, sous les yeux de leurs parents, devant les hauts murs de Troie, eurent la chance de trouver la mort ! (...) »

Comme il jetait ces mots, la tempête, où l'Aquilon siffle, frappe en plein sa voile et soulève les flots jusqu'au ciel. Les rames se brisent ; la proue vire et découvre aux vagues le flanc du vaisseau ; et aussitôt arrive avec toute sa masse une abrupte montagne d'eau. Les uns restent suspendus à la cime ; les autres au fond du gouffre béant aperçoivent la terre ; l'eau et le sable bouillonnent furieusement. Le Notus fait tournoyer trois navires et les jette sur des rocs cachés (ces rocs que les Italiens nomment *Autels*, et qui, au milieu de la mer, en affleurent la surface comme un dos monstrueux). L'Eurus en précipite trois autres de la haute mer sur des bas fonds (...) et les broie contre les écueils ou les enlise dans les sables.

(...) Le pilote est arraché et roulé la tête en avant. Trois fois, sous la poussée du flot et sans changer de place, le navire tourne sur lui-même ; et le rapace tourbillon le dévore. Sur le gouffre immense de rares nageurs apparaissent, et des armes et des planches et les trésors de Troie...

Mais Neptune a entendu mugir l'ouragan. Irrité qu'on bouleverse son royaume à son insu, il calme les flots et ramène le soleil.

Épuisés, les compagnons d'Énée essaient de gagner les rivages les plus proches et se détournent vers les côtes de la Libye. Là, s'ouvre une baie profonde et retirée : le port est formé par une île dont les flancs s'opposent aux flots du large qui se brisent, se séparent et se replient en longues ondulations. (...) C'est là qu'Énée rassemble et fait entrer les sept derniers vaisseaux qui lui restent. Dans leur impatience de toucher terre, les Troyens s'élancent, s'emparent de ce sable tant désiré et s'étendent sur la grève tout ruisselants d'eau salée. Achate commence par frapper un caillou et en tirer une étincelle ; il la recueille sur des feuilles sèches, l'entoure et la nourrit de brindilles, et d'un mouvement rapide fait jaillir la flamme dans ce foyer. Puis, accablés de besoin, ils retirent de leurs navires les provisions de Cérès que l'eau de mer a gâtées, et les instruments de Cérès ; et ce grain sauvé du naufrage, ils s'apprêtent à le griller au feu et à le broyer sous la pierre. (...)

[Pendant ce temps, Énée monte sur la galère... Apercevant des cerfs errants, il les abat et regagne le port.]

L'Énéide

Les Troyens se mettent en devoir de préparer les bêtes abattues pour le repas qui vient. Ils les écorchent, les dépècent, en dénudent les chairs. Les uns découpent et embrochent ces chairs palpitantes. Les autres sur le rivage attisent la flamme autour des vases de bronze. La nourriture les ranime (...) La faim satisfaite et le service enlevé, ils s'entretiennent longuement de leurs compagnons perdus, flottant de l'espoir à la crainte. Vivent-ils encore ? ou ont-ils rendu le dernier soupir et n'entendent-ils plus l'appel de leur nom ? Surtout le pieux Énée pleure en lui-même la perte [de ses vaillants compagnons].

Du haut du ciel, Jupiter fixe ses regards sur le royaume de Libye où les naufragés reprennent courage. Inquiète sur le sort de son fils, Vénus lui demande quand finiront ses tourments.

Le Père des hommes et des dieux, avec un sourire et ce visage qui rassérène le ciel orageux, effleura d'un baiser les lèvres de sa fille et lui répondit : « Rassure-toi. La destinée de tes Troyens reste immuable. Tu verras la ville et les murs promis de Lavinium, et tu emporteras dans l'espace jusqu'aux astres du ciel le magnanime Énée. Rien ne m'a fait changer. Je veux bien, puisque cette inquiétude te ronge, dérouler sous tes yeux toute la succession des secrets du destin : ton Énée soutiendra en Italie une terrible guerre ; il domptera des peuples farouches et donnera à ses hommes des lois et des remparts. (...)

Romulus, gorgé de lait à l'ombre fauve de sa nourrice la louve, continuera la race d'Énée, fondera la ville de Mars et nommera les Romains de son nom. Je n'assigne de borne ni à leur puissance ni à leur durée : je leur ai donné un empire sans fin. Mieux encore : l'âpre Junon, qui fatigue aujourd'hui de sa crainte et la mer et la terre et le ciel, reviendra à des sentiments meilleurs et protégera comme moi, le peuple qui portera la toge, les Romains maîtres du monde. Telle est ma volonté. (...)

Il dit et du haut des cieux il envoie [Mercure] pour que l'hospitalité ouvre aux Troyens la terre et la ville nouvelle de Carthage, car il craignait que Didon, ignorante du destin, ne les repoussât de ses frontières.

*

Le lendemain matin, Énée va reconnaître les lieux. Au milieu de la forêt, il rencontre une jeune chasseresse qui lui conseille de poursuivre sa route, jusqu'à la ville voisine où règne Didon. Elle le rassure sur le sort de ses compagnons égarés dans la tempête.

Lorsque la jeune fille se détourne et s'élève dans les airs, Énée reconnaît sa mère...

Énée et Achate se dirigent vers la ville... Mais Vénus avait déployé autour d'eux un voile de nuage, afin qu'on ne pût les apercevoir...

Énée s'avance jusqu'au temple de Junon où des peintures retracent les principaux épisodes de la guerre de Troie.

Pendant que le Dardanien Énée admire, stupéfait, immobile, absorbé dans sa contemplation, la reine Didon, éclatante de beauté, s'est avancée vers le temple avec un nombreux cortège de jeunes Tyriens. Devant les portes du sanctuaire, sous la voûte du temple, entourée d'hommes en armes, elle s'assied sur un trône très élevé. Elle était en train de rendre la justice, d'édicter des lois, de distribuer équitablement l'œuvre à faire ou de la tirer au sort, (...) quand, soudain, dans un grand mouvement de foule, Énée, invisible au creux de son nuage, voit s'approcher un groupe de Troyens que la tempête avait dispersés sur la mer.

Ilionée, le plus âgé d'entre eux, s'adresse tranquillement à la reine.

« Ô reine, à qui Jupiter donna de fonder une ville nouvelle et de mettre le frein de la justice à des nations superbes, écoute la prière de malheureux Troyens que les vents ont traînés sur toutes les mers : écarte de nos vaisseaux un abominable incendie ; épargne une race pieuse ; examine ce que nous sommes. Nous ne venons point ravager avec le fer les pénates libyens ni piller vos richesses et les emporter vers le rivage. Nos cœurs n'ont pas une telle audace. (...)

« Permets-nous de tirer sur le rivage notre flotte maltraitée par les vents, de tailler des planches et d'émonder des rames dans les arbres de tes forêts, pour que nous puissions, si nos compagnons et notre roi nous sont rendus et, avec eux, la route de l'Italie, gagner joyeusement cette Italie et le Latium. »

Alors Didon, les yeux baissés, répondit brièvement : « Rassurez-vous, Troyens. Qui ne connaîtrait la race des gens d'Énée, et la ville de Troie, ses vertus, ses héros, cette guerre et son vaste incendie ? Vous plairait-il de vous fixer avec des droits égaux dans mon royaume ? La ville que j'élève est la vôtre. Tirez vos vaisseaux sur le rivage. Je ne ferai aucune différence entre les Troyens et les Tyriens. Et plût au ciel que votre roi, poussé par le même Notus, plût au ciel qu'Énée fût ici ! (...) » Soudain le nuage qui [l']enveloppait se déchire et se change en air pur et transparent. Debout, Énée resplendit d'une vive lumière avec le visage et les épaules d'un dieu. D'un souffle sa mère lui avait donné la beauté de la chevelure, l'éclat de pourpre de la jeunesse et la séduction du regard. Ainsi l'artiste ajoute la grâce à l'ivoire et entoure d'or blond l'argent ou le marbre de Paros.

Alors, sous tous les yeux étonnés de la subite apparition, il s'adresse à la reine : « Me voici, dit-il : je suis celui que vous cherchez, le Troyen Énée échappé aux flots de la Libye. Ô toi, qui seule as eu pitié des indicibles souffrances de Troie, toi qui accueilles dans ta ville et dans ton palais, comme des alliés, ce qui reste du massacre des Grecs, ces malheureux épuisés par les hasards de la terre et de la mer, dénués de tout, (...) que les dieux te récompensent comme tu le mérites. »

« Fils d'une déesse, lui répondit-elle, comment nommer le sort qui te poursuit à travers tant de périls ? Quelle volonté furieuse t'a jeté sur ces côtes sauvages ?

« (...) Venez donc, jeunes gens ; entrez dans nos demeures. Moi aussi, j'ai traversé de longues épreuves ; la fortune, qui m'a enfin fixée sur cette terre, me ballotta comme vous ; et l'expérience du malheur m'apprit à secourir les malheureux. »

Elle dit, et elle conduit Énée sous son toit royal en même temps qu'elle ordonne des actions de grâces dans les temples des dieux. Elle envoie sur le rivage à ses compagnons vingt taureaux, cent porcs énormes au dos hérissé et cent agneaux bien gras avec leurs mères, présents d'un jour de fête. On décore l'intérieur du palais qui resplendit d'un luxe régalien ; et au centre le banquet se prépare : des tapis artistement travaillés et d'une pourpre superbe ; sur les tables, une lourde argenterie et, ciselés dans l'or, les hauts faits des ancêtres de la reine, toute une longue suite de gloire déroulée parmi tant de héros depuis l'origine de cette vieille nation.

*

Pendant ce temps, Vénus s'entend avec Cupidon pour rendre Didon éperdument amoureuse de son fils.
À la fin du banquet, Énée cède au désir de Didon qui, déjà sous l'emprise de la passion, veut l'écouter raconter ses aventures.

Si tu éprouves un tel désir de connaître nos malheurs et d'entendre raconter brièvement l'agonie de Troie, bien que ces souvenirs me fassent horreur et que mon âme en ait toujours fui les funèbres images, je commence.

« Brisés par la guerre, repoussés par les destins, les chefs des Grecs, après tant d'années écoulées, construisent, sous la divine inspiration de Pallas-Athéné, un cheval haut comme une montagne, dont ils forment les côtes de sapins entrelacés. C'est, prétendent-ils, une offrande à la déesse pour un retour heureux ; et le bruit s'en répand. Une élite de guerriers tirés au sort s'enferme furtivement dans ces flancs ténébreux ; et le ventre du monstre jusqu'au fond de ses énormes cavernes se remplit de soldats armés.

Beaucoup, stupéfaits devant l'offrande à la Vierge Minerve, qui devait être si désastreuse pour nous, s'étonnent de l'énormité du cheval. Le premier, Thymétès nous exhorte à l'introduire dans nos murs et à le placer dans la citadelle. Était-ce perfidie de sa part ou déjà les destins de Troie le voulaient-ils ainsi ? Mais ceux dont l'esprit est plus clairvoyant nous pressent de jeter à la mer ce douteux présent des Grecs, sans doute un piège, ou de le brûler en allumant dessous un grand feu, ou d'en percer les flancs et d'en explorer les secrètes profondeurs. La foule incertaine se partage en avis contraires.

« Mais voici qu'à la tête d'une troupe nombreuse, Laocoon, furieux, accourt du haut de la citadelle, et de loin : "Malheureux citoyens, s'écrie-t-il, quelle est votre démence ? Croyez-vous les ennemis partis ? Pensez-vous qu'il puisse y avoir une offrande des Grecs sans quelque traîtrise ? Est-ce ainsi que vous connaissez Ulysse ? Ou des Achéens se sont enfermés et cachés dans ce bois, ou c'est une machine fabriquée contre nos murs pour observer nos maisons et pour être poussée d'en haut sur notre ville, ou elle recèle quelque autre piège. Ne vous fiez pas à ce cheval, Troyens. Quoi qu'il en soit, je crains les Grecs, même dans leurs offrandes aux dieux !"

C'est alors qu'on amène devant le roi Priam, Sinon, un jeune Grec rusé qui, avec la complicité des dieux, persuade les Troyens d'introduire le cheval dans Troie.

Comment ne pas croire les paroles de Sinon, lorsqu'on voit deux monstrueux serpents venir étouffer Laocoon et ses fils ?

« On crie qu'il faut introduire le cheval dans le temple de Minerve et supplier la puissante divinité. Nous faisons une brèche à nos remparts ; nous ouvrons l'enceinte de la ville. Tous s'attellent à l'ouvrage. On met sous les pieds du colosse des roues glissantes ; on tend à son cou des cordes de chanvre. La fatale machine franchit nos murs, grosse d'hommes et d'armes. À l'entour, jeunes garçons et jeunes filles chantent des hymnes sacrés, joyeux de toucher au câble qui la traîne. Elle s'avance, elle glisse menaçante jusqu'au cœur de la ville. (...) Quatre fois le cheval heurta le seuil de la porte, et quatre fois son ventre rendit un bruit d'armes. Cependant nous continuons, sans nous y arrêter, aveuglés par notre folie, et nous plaçons dans le haut sanctuaire ce monstre de malheur.

Énée évoque alors les horreurs qui s'ensuivirent, la sauvagerie des guerriers grecs ; il dit sa fureur lorsque, resté seul à l'entrée du temple Vesta, il aperçoit dans l'ombre Hélène, la responsable de tous ces malheurs : il aurait, sur elle, assouvi sa vengeance, mais sa mère, Vénus, apparaît et le rappelle à d'autres devoirs :

Devant moi, plus brillante que mes yeux ne l'avaient jamais vue, en pleine lumière, splendeur au milieu de la nuit, ma puissante mère s'offrit à mes regards, sans voiler sa divinité, dans toute la beauté et dans toute la majesté où elle se montre d'ordinaire aux habitants du ciel. Elle me prit le bras, me retint et me dit de ses lèvres couleur de rose : "Mon fils, quel est donc le ressentiment qui excite ton indomptable colère ? Pourquoi cette fureur ? Et qu'est devenue ton affection pour nous ? Quoi, tu ne cherches pas à savoir d'abord où tu as laissé ton père Anchise, un vieillard, si ta femme Créuse vit encore, et ton fils Ascagne ? De tous côtés autour d'eux rôdent des Grecs en armes ; et si je n'étais pas là pour veiller sur eux, les flammes les auraient déjà dévorés ou le glaive de l'ennemi aurait bu leur sang.

(...) Hâte-toi de fuir, mon fils, arrête là tes efforts. Je ne t'abandonnerai pas et je te conduirai en sûreté au seuil de ton père." Ces mots achevés, les ombres épaisses de la nuit se refermèrent sur elle.

Obéissant aux ordres de Vénus, Énée a retrouvé son père : après bien des résistances, Anchise accepte de le suivre.

*

Énée poursuit son récit : après bien des errances de Thrace à Délos, de Délos en Crète puis de Crète aux îles Strophades où ils attaquent les Harpies, oiseaux rapaces, ils longent l'Épire et abordent à Buthrote où le roi devin, Hélénus, inspiré d'Apollon, indique à Énée la route qu'il doit suivre :

« Je te donne un avis, ô fils d'une déesse, qui à lui seul vaudrait tous les autres et je te le répète et te le répéterai : prie avant tout et adore la puissante divinité de Junon ; adresse de bon cœur à Junon les formules sacrées ; triomphe de cette dominatrice par tes offrandes de suppliant : c'est ainsi que, tes vœux exaucés et la Sicile derrière toi, tu auras la route libre vers la terre italienne. Dès que tu y seras porté et que tu approcheras de Cumes et des lacs sacrés de l'Averne aux forêts bruissantes, tu verras la prêtresse inspirée qui, sous sa roche profonde, chante les destinées et qui sur des feuilles d'arbres inscrit des lettres et des mots. »

La flotte troyenne reprend la mer et suit l'itinéraire tracé par Hélénus. Elle double le golfe de Tarente, relâche en Sicile, au pays des cyclopes... découvre Agrigente et parvient à Drépane où meurt Anchise. De là, Énée atteindra les rivages libyens.
Ainsi se termine le récit d'Énée à Didon.

*

Tandis que Junon et Vénus, pour des motifs bien différents, s'entendent pour retenir Énée auprès de Didon,
Jupiter rappelle le héros à sa mission.

En dépit des supplications de Didon et malgré sa propre
peine, Énée ordonne à ses compagnons d'appareiller en
secret.

Folle de désespoir, Didon décide de mourir, après avoir
lancé une série de malédictions contre Énée et ses
descendants :

« Va, poursuis l'Italie sous le souffle des vents ; gagne ton
royaume à travers les flots. Pour moi, j'espère que, si les justes
divinités ont quelque pouvoir, tu épuiseras tous les supplices au
milieu des écueils en répétant le nom de Didon. Absente, je te
suivrai armée de mes torches funèbres, et lorsque la froide mort
aura séparé mon âme de mes membres, partout où tu iras mon
ombre sera là. Misérable, tu paieras ton crime. Je le saurai, et la
nouvelle en viendra jusqu'à moi dans l'abîme des Mânes ! »

*

Les vaisseaux troyens, au lieu de cingler droit vers l'Italie sont ramenés en Sicile, où est mort Anchise, voilà tout
juste un an. Énée honore cet anniversaire par des liba-
tions et des sacrifices, puis organise les Jeux funèbres
traditionnels.

Énée fait lui-même écarter la foule, qui s'était répandue dans
toute la longueur du cirque, et ordonne qu'on laisse le champ
libre. Les enfants s'avancent, et en files symétriques, sous les
yeux de leurs parents, resplendissent sur leurs chevaux dociles.
Les Troyens applaudissent les jeunes cavaliers intimidés et
se réjouissent en les regardant de reconnaître sur leur visage les
traits de leurs ancêtres. Lorsqu'ils eurent fait à cheval le tour de
la piste, heureux de défiler sous ces regards amis, Epytidès leur
donna de loin le signal : un cri et un claquement de fouet. Les
trois pelotons au galop se dédoublent et forment des troupes
séparées ; à un nouveau commandement, ils opèrent une
conversion et courent les uns sur les autres la lance en arrêt.
Puis ce sont d'autres évolutions en avant et en arrière, toujours
se faisant face mais à distance, et des cercles enchevêtrés, et,
avec leurs armes, les simulacres d'une bataille. Tantôt ils fuient
et découvrent leur dos ; tantôt ils chargent, les javelots mena-

çants ; tantôt c'est la paix et ils marchent en files parallèles. Ainsi les fils des Troyens entrecroisent leurs traces et entremêlent dans leurs jeux la fuite et la bataille, pareils aux dauphins qui fendent en nageant les mers de Carpathos et de Libye (et se jouent parmi les vagues). La tradition de cette course, ces jeux publics, Ascagne le premier, lorsqu'il entoura de murs Albe la Longue, les renouvela et apprit aux anciens Latins à les célébrer comme il l'avait fait enfant et comme l'avait fait avec lui la jeunesse troyenne. Les Albains les enseignèrent à leurs fils, et ce fut d'eux que, dans la suite des temps, les reçut la puissante Rome qui conserva cette tradition des ancêtres. Le jeu porte le nom de Troie, et les enfants, celui de troupe troyenne. Ainsi se terminèrent les fêtes célébrées à la mémoire sacrée d'un père.

Pendant ce temps, Junon s'acharne contre le héros : elle pousse les femmes troyennes à incendier les vaisseaux. Par ses prières, Énée réussit à sauver l'essentiel de sa flotte mais grand est son désarroi.

La nuit suivante, l'ombre de son père lui apparaît : il doit, aussitôt débarqué en Italie, se rendre auprès de la Sibylle de Cumes, la fameuse prêtresse d'Apollon, qui le conduira vers lui, au séjour des ombres, aux Enfers.

*

Énée fait donc voile vers l'Italie, aborde à Cumes avec ses compagnons et se dirige vers l'antre de la Sibylle qui garde l'entrée principale des Enfers...

La prêtresse lui dit :

« Si tu as un si grand désir, une telle avidité de traverser deux fois les flots Stygiens, de voir deux fois le sombre Tartare, et s'il te plaît d'entreprendre cette tâche insensée, écoute d'abord ce que tu dois faire. Un rameau, dont la souple baguette et les feuilles sont d'or, se cache dans un arbre touffu, consacré à la Junon infernale. Tout un bouquet de bois le protège, et l'obscur vallon l'enveloppe de son ombre. Mais il est impossible de pénétrer sous les profondeurs de la terre avant d'avoir détaché de l'arbre la branche au feuillage d'or. C'est le présent que Proserpine a établi qu'on apporterait à sa beauté. Le rameau arraché, il en pousse un autre, d'or comme le premier, et dont la baguette se couvre des mêmes feuilles de métal précieux. Ainsi lève les yeux et cherche. Quand tu l'auras trouvé, cueille-le, selon le rite, avec la main : il viendra facilement et de lui-même, si les destins t'appellent ; autrement, il n'y a point de force qui puisse le vaincre ni de fer l'arracher. »

Énée suit avec empressement les instructions de la Sibylle de Cumes. Sous sa conduite, il arrache le rameau d'or et descend aux Enfers. Aux abords du Styx, ils se heurtent à l'énorme Cerbère qu'ils endorment grâce à un gâteau empoisonné. À la vue du rameau d'or, Charon, le passeur inflexible, les laisse franchir le fleuve. Ils arrivent alors à l'entrée du Tartare où les damnés souffrent les pires tourments.

Tout à coup, Énée regarde derrière lui et, à gauche, au pied d'un rocher, il voit une large enceinte fermée d'un triple mur, entourée des torrents de flammes d'un fleuve rapide, le Phlégéton du Tartare, qui roule des rocs retentissants. En face, une énorme porte et des montants d'acier massif tels qu'aucune force humaine, aucun engin de guerre, même aux mains des habitants du ciel, ne pourrait les enfoncer. Une tour de fer se dresse dans les airs. Tisiphone, sa robe sanglante relevée, assise et toujours en insomnie, garde l'entrée nuit et jour. Il en sort des gémissements, le cruel sifflement des verges, le bruit strident du fer et des traînements de chaînes. Énée s'est arrêté et, saisi de terreur, il écoute attentivement ce fracas : « Quels sont les crimes qu'on châtie, vierge, dis-le-moi ? Et par quels supplices ? Quelles lamentations effrayantes viennent à mes oreilles ? » La prophétesse lui répondit : Rhadamante exerce dans ces lieux un pouvoir impitoyable. Il met à la torture et interroge les auteurs de crimes cachés, et il les force d'avouer les forfaits qu'ils se réjouissaient vainement d'avoir dissimulés parmi les hommes et dont ils reculèrent l'expiation jusqu'au jour tardif de la mort. Aussitôt la vengeresse Tisiphone, armée d'un fouet, bondit sur les coupables, les flagelle et, de sa main gauche [dirige] sur eux ses farouches reptiles.

Mais le temps presse : la Sibylle invite Énée à poursuivre sa route et « à achever ce qu'il a entrepris avec le rameau d'or » : ils vont enfin atteindre les Champs Élysées, séjour des âmes vertueuses, séjour aussi du vénérable Anchise.

Tous deux, marchant du même pas dans le clair-obscur, traversent rapidement l'espace intermédiaire et s'approchent de l'entrée. Énée prend les devants, se lave dans une eau fraîche et, devant lui, fixe au seuil le rameau.

Ces ablutions accomplies, et l'offrande faite à la déesse, ils arrivent à une plaine riante, aux délicieuses pelouses, des bois fortunés, séjour des bienheureux. L'air pur y est plus large et revêt ces lieux d'une lumière de pourpre. Ils ont leur soleil et leurs astres. Parmi ces ombres, les unes sur le gazon s'exercent à la palestre, se mesurent dans leurs jeux et luttent sur un sable doré ; les autres, frappant la terre, forment des chœurs mêlés de chants.

(...)

Or, le vénérable Anchise, au fond d'une vallée verdoyante, parcourait d'un regard tendre et pensif les âmes qui y étaient rassemblées et qui monteraient un jour à la lumière de la vie. Dès qu'il vit Énée qui s'avançait devant lui sur le gazon, il lui tendit ses deux mains, plein d'allégresse, et, les joues ruisselantes de larmes, il lui dit : « Enfin te voici : ta piété sur laquelle comptait ton père a triomphé de l'âpre route. Il m'est donné de voir ton visage, mon enfant, d'entendre ta voix chère et de te répondre ! Ah ! certes, je l'espérais ; je pensais bien que cela viendrait ; je comptais les jours. Mon attente inquiète ne m'a pas trompé. Que de terres tu as traversées, que de flots, avant de m'arriver ! Combien de périls, mon enfant, t'éprouvèrent ! Comme j'ai eu peur du mal que pouvait te faire le royaume de Libye ! » Énée lui répondit : « C'est toi, mon père, c'est ta triste image, venue si souvent à moi, qui m'a décidé à franchir le seuil de ces demeures. Ma flotte est à l'ancre dans les eaux Tyrrhéniennes. Donne-moi ta main, mon père ; donne-la-moi que je la serre, et ne te dérobe pas à mes embrassements. » Et en parlant ainsi de larges pleurs coulaient sur son visage.

Anchise révèle à Énée la gloire réservée à tous ses descendants et achève ainsi :

« Maintenant tourne les yeux : regarde cette nation, tes Romains. Voici César et toute la postérité d'Ascagne qui doit venir à la lumière sous l'immense voûte des cieux. Le voici, c'est lui, cet homme qui, tu le sais, t'a été si souvent promis,

César Auguste, fils d'un dieu : il fera renaître l'âge d'or dans les champs du Latium où jadis régna Saturne, il reculera les limites de son empire plus loin que le pays des Garamantes et des Indiens, jusqu'à ces contrées qui s'étendent au-delà des signes du Zodiaque, au-delà des routes de l'année et du soleil, là où Atlas, qui porte le ciel, fait tourner sur son épaule la voûte parsemée d'étoiles étincelantes. (...)

« Veux-tu voir les Tarquins, et l'âme fière du vengeur Brutus et les faisceaux reconquis ? Le premier, il recevra le pouvoir consulaire et les terribles haches, et, comme ses fils voudront rallumer les guerres, il les sacrifiera à la belle liberté. Malheureux, de quelque louange que les siècles futurs exaltent cet acte, l'amour de la patrie triomphera dans son cœur et aussi une immense passion pour la gloire.

Avant de quitter le royaume des morts, Énée reçoit de son père d'ultimes conseils :

« Ô mon fils, n'habituez pas vos cœurs à ces abominables guerres ; ne tournez pas vos forces vives contre les entrailles de la patrie ! Et toi, donne l'exemple de la modération, toi qui tires ton origine de l'Olympe ; rejette loin de toi ces armes, ô mon sang !...

« D'autres, je le crois, seront plus habiles à donner à l'airain le souffle de la vie et à faire sortir du marbre des figures vivantes ; d'autres plaideront mieux et sauront mieux mesurer au compas le mouvement des cieux et le cours des astres. À toi, Romain, qu'il te souvienne d'imposer aux peuples ton empire. Tes arts à toi sont d'édicter les lois de la paix entre les nations, d'épargner les vaincus, de dompter les superbes. »

Énée quitte les Enfers, reconduit par son père, Anchise, et par la Sibylle.

*

Il aborde à l'embouchure du Tibre, dans le Latium. Plusieurs signes confirment qu'il se trouve désormais là où les destins l'appellent. En particulier, le vieux roi Latinus reconnaît en lui le gendre prédit par les oracles.

Mais le roi Latinus a déjà promis sa fille Lavinia à Turnus, le roi des Rutules...

Junon réussit alors à semer la discorde en excitant la fureur de Turnus.

C'en est fait : contre les présages, contre les oracles, au mépris de la volonté divine, tous exigent l'exécrable guerre. Ils assiègent à l'envi la demeure du roi Latinus. Lui, comme un roc immobile au milieu des flots, il résiste, comme un roc de la mer qui, lorsque vient la houle à grands fracas, entouré de l'aboiement des innombrables vagues, tient par sa masse ; autour de lui les récifs et les roches écumantes mugissent, et l'algue se déchire sur ses flancs qui la refoulent. Mais comme nul n'aurait le pouvoir de surmonter cet aveugle entraînement et que tout va comme le veut la cruelle Junon, le vénérable Latinus prend plus d'une fois à témoin les dieux et le ciel insensible. « Hélas, dit-il, la fatalité nous accable et l'ouragan nous emporte. Vous expierez vous-mêmes de votre sang ce sacrilège, malheureux ! Turnus, Turnus, un terrible châtiment expiatoire t'attend, et il sera trop tard quand tu honoreras les dieux de tes prières. Pour moi, le repos m'est acquis ; je touche presque au port ; je ne suis spolié que d'une heureuse mort. » Il n'en dit pas davantage et s'enferme chez lui, abandonnant les rênes.

Les tribus italiennes se rassemblent sous leurs chefs. Parmi eux, le plus déterminé Turnus, bien sûr, mais aussi le terrible Mézence, tyran étrusque sanguinaire, chassé par son propre peuple et qui s'est allié à Turnus contre Énée : tous deux sont résolus à empêcher le héros troyen de s'implanter dans le Latium... « Les boucliers résonnent et la terre frémit sous le piétinement des guerriers ». Effrayés, les Troyens se retranchent dans leurs camps.

*

D'abord désemparé, Enée réagit : sur les conseils du dieu Tibre, il va trouver le bon vieux roi Évandre, le premier roi à s'être installé sur le site du Latium. Celui-ci l'accueille chaleureusement et lui conseille de rechercher l'alliance des Étrusques en raison de la haine qu'il vouent à Mézence.

De son côté Vénus a pris soin d'offrir à Énée un bouclier forgé par Vulcain et sur lequel Jupiter a fait ciseler les « scènes » les plus marquantes du destin de Rome.

On y voyait toute la race des futurs descendants d'Ascagne et leurs guerres successives. Dans l'antre verdoyante de Mars, la louve, qui venait de mettre bas, y était représentée ; les deux enfants jouaient pendus à ses mamelles et tétaient leur nourrice sans trembler. Elle, la tête mollement tournée vers eux, les caressait l'un après l'autre et façonnait leurs corps en les léchant. Non loin de là, c'était Rome et les Sabines indignement enlevées dans l'hémicycle, au milieu des Grands Jeux du Cirque. (...)

Au sommet du bouclier, le gardien de la roche Tarpéienne, Manlius, debout devant le temple, occupait le haut du Capitole ; et la cabane royale de Romulus se hérissait d'un chaume qu'on venait de renouveler. Là, une oie d'argent, battant des ailes sous un portique d'or, annonçait la présence des Gaulois au seuil de la ville. Les Gaulois étaient là au milieu des broussailles et cherchaient à occuper la citadelle, protégé par les ténèbres à la faveur d'une nuit opaque. Leur chevelure était d'or et d'or leur vêtement ; leurs sayons, rayés de bandes luisantes. Leurs cous blancs comme du lait étaient cerclés d'or ; chacun d'eux fait miroiter à sa main deux javelots des Alpes ; et de longs boucliers protègent leur corps. (...)

Au centre, la mer se gonflait à perte de vue, sur fond d'or ; mais les vagues, d'un bleu sombre, dressaient leur crête blanchissante d'écume. De clairs dauphins d'argent, qui nageaient en rond, balayaient de leurs queues la surface des eaux et fendaient les remous.

Au milieu on pouvait voir les flottes d'airain, la bataille d'Actium, tout Leucate bouillonner sous ces armements de guerre, et les flots resplendir des reflets d'or. D'un côté César Auguste entraîne au combat l'Italie avec le Sénat et le peuple, les Pénates et les Grands Dieux. Il est debout sur une haute poupe ; ses tempes heureuses lancent une double flamme ; l'astre paternel se découvre sur sa tête. Non loin, Agrippa, que les vents et les dieux secondent, conduit de haut son armée ; il porte un superbe insigne de guerre, une couronne navale ornée de rostres d'or. De l'autre côté, avec ses forces barbares et sa confusion d'armes, Antoine, revenu vainqueur des peuples de l'Aurore et des rivages de la mer Rouge, traîne avec lui l'Égypte, les troupes de l'Orient. (...)

D'en haut, Apollon d'Actium regarde et bande son arc. Saisis de terreur, tous, Égyptiens, Indiens, Arabes, tournaient le dos.

(...) En face, douloureux, le Nil au grand corps, ouvrant les plis de sa robe déployée, appelait les vaincus dans son sein azuré et les retraites de ses eaux.

[Cependant que] César, ramené dans les murs de Rome par un triple triomphe, consacrait aux dieux italiens, hommage immortel, trois cents grands temples dans toute la ville. Les rues bruissaient de joie, de jeux, d'applaudissements. Tous les sanctuaires ont un chœur de matrones ; tous, leurs autels ; et devant ces autels les jeunes taureaux immolés jonchent la terre. Auguste, assis sur le seuil de neige éblouissant du temple d'Apollon, reconnaît les présents des peuples et les fait suspendre aux opulents portiques. Les nations vaincues s'avancent en longue file, aussi diverses par les vêtements et les armes que par le langage.

(...)

Voilà ce que sur le bouclier de Vulcain, don de sa mère, Énée admire. Il ne connaît pas ces choses ; mais les images l'en réjouissent, et il charge sur ses épaules les destins et la gloire de sa postérité.

L'Énéide

*

Énée « s'active » : il a réussi à obtenir le soutien des Étrusques. Le voici, à présent, sur le chemin du retour au camp Troyen, précédé de Tarchon, le chef des Étrusques, et accompagné du jeune Pallas, le fils d'Évandre, rempli d'admiration pour le héros.

Énée cependant fendait les flots au milieu de la nuit. De chez Évandre il est allé au camp des Étrusques trouver leur roi, lui a dit son nom et sa race, ce qu'il demande, ce qu'il apporte, quels peuples Mézence arme pour sa cause, et l'exaspération de Turnus ; ... sans retard, Tarchon a consenti à l'union de leurs forces... Le navire d'Énée s'avance le premier... Le grand Énée est assis. Il songe en lui-même aux péripéties de la guerre. Pallas, à sa gauche, lui demande tantôt le nom des étoiles qui marquent leur route dans la nuit sombre, tantôt le récit de ce qu'il eut à souffrir sur la terre et sur les eaux.

Or, en l'absence du héros, les Rutules ont attaqué le camp troyen : à son retour, Énée constate le massacre ; il venge ses amis, et s'acharne à poursuivre Turnus et Mézence qui continuent de le défier. Le premier, Turnus lui échappe, grâce à une ruse de Junon et après avoir tué Pallas. Le second, Mézence, finit par succomber sous les coups du héros qui exhibe sa dépouille aux yeux des guerriers rassemblés autour de lui. Énée s'adresse ainsi à ses compagnons :

« Guerriers, le plus fort de notre tâche est fait ; voici Mézence tel qu'il est sorti de mes mains. Préparez vos cœurs au combat et soyez tout à la pensée et à l'attente de la bataille de façon qu'aucun obstacle ne vous surprenne et ne vous arrête, qu'aucune crainte, aucune incertitude ne vous ralentisse, dès que les dieux d'en haut nous permettront d'arracher les enseignes et de faire sortir notre jeunesse des retranchements. En attendant, confions à la terre les corps de nos compagnons sans sépulture... Allez, rendez ces devoirs suprêmes à ces âmes d'élite dont le sang nous a conquis cette patrie. Avant tout envoyons à la ville en larmes d'Évandre le corps de Pallas : ce n'est pas la valeur qui lui a manqué ; mais un jour d'horreur nous l'a ravi et l'a plongé bien avant l'heure dans la nuit de la mort. »

Énée consent à accorder une trêve aux Latins qui s'étaient alliés à Turnus pour le chasser du Latium ; il leur fait aussi la morale :

« Quelle indigne fortune vous a engagés, Latins, dans une telle guerre et vous a fait rejeter notre amitié ? Vous demandez la paix pour les morts, pour ceux qui ont péri dans le hasard des combats ? Ah ! comme je voudrais aussi la donner aux vivants ! Je ne serais pas venu si les destins ne m'avaient assigné ce lieu et ce séjour. Je ne fais point la guerre à une nation. Votre roi a quitté notre alliance, et il s'est fié de préférence aux armes de Turnus. Il eût été plus juste que Turnus affrontât ici la mort. S'il voulait terminer la guerre en brave, s'il voulait chasser les Troyens, c'était les armes à la main qu'il aurait dû se mesurer avec moi. Maintenant allez, et allumez les bûchers funèbres de vos malheureux concitoyens.

Le discours d'Énée a impressionné les Latins qui décident de rompre leur alliance avec Turnus. Mais, à nouveau, la bataille fait rage. Malgré la débâcle des siens, Turnus, s'acharne encore. Il finit par demander à se battre seul contre Énée.

À travers les bataillons en désordre Turnus s'élance vers les remparts de la ville, là où la terre est le plus humide du sang versé, où les airs bruissent du vol des projectiles. Il fait un signe de la main et d'une voix forte s'écrie : « Arrêtez, Rutules ! Et vous, Latins, ne lancez plus de traits ! Il est juste que j'expie, moi seul, pour vous, le mauvais traité et que mon épée en décide. » Tous aussitôt s'écartèrent et laissèrent entre eux une place libre.

Mais le héros Énée, ayant entendu le nom de Turnus, abandonne les murs, abandonne les hautes tours, renverse tous les obstacles, interrompt toutes les manœuvres, le cœur exultant ; et ses armes font un horrible bruit de tonnerre. Il est aussi grand que l'Athos, aussi grand que l'Éryx, aussi grand que le Père Apennin. Déjà parmi les Rutules, les Troyens, tous les Italiens et ceux qui occupaient le sommet des remparts et ceux qui battaient du bélier le bas des murs, c'est à qui regardera et laissera tomber ses armes de ses épaules. Latinus voit avec stupeur ces deux héros immenses, venus des deux extrémités du monde, se rencontrer le fer à la main.

[De son côté] Jupiter, las de cette guerre « abominable », décide de laisser agir les destins. Il presse Junon de mettre un terme à son courroux et de ne plus s'acharner contre le héros troyen. La déesse y consent, mais à une condition :

« Lorsque les deux peuples établiront la paix par un heureux mariage, [dit-elle], ne force pas les Latins indigènes à changer de nom, à devenir des Troyens ; que ces hommes gardent leur langue et leur coutume ; qu'il y ait un Latium ; qu'il y ait une race romaine. Troie est tombée ; permets qu'elle ait péri avec son nom. »

Le créateur des hommes et des choses lui répondit en souriant : « Je t'accorde ce que tu veux et, vaincu, je me rends de bon cœur. Les Ausoniens garderont leur langue maternelle et leurs usages ; leur nom restera ce qu'il est. Les Troyens ne se fondront que de corps avec eux ; je fixerai le culte et les rites sacrés, et tous, devenus Latins, n'auront qu'une seule langue ».

*

Et voici maintenant les deux jeunes gens face à face, prêts à s'affronter dans un combat singulier dont l'issue confirmera la mission du héros troyen Énée dans le Latium.

Énée presse Turnus, le menace, agite et fait miroiter un trait énorme comme un arbre, et l'interpelle farouchement : « Que tardes-tu maintenant ? Pourquoi reculer encore, Turnus ? Ce n'est pas à la course, c'est de près qu'il faut lutter et avec des armes qui ne pardonnent pas. Prends toutes les formes que tu voudras ; rassemble tout ce que tu peux de courage et d'artifice. Il ne te reste plus qu'à atteindre d'un coup d'aile les astres inaccessibles ou à te cacher aux entrailles de la terre ! » Turnus, secouant la tête, lui répondit : « Ton bouillonnement d'injures ne m'épouvante pas, cruel ; ce sont les dieux qui m'épouvantent et Jupiter ennemi. » Il n'en dit pas plus. En regardant autour de lui ses yeux tombent sur un énorme roc, un roc antique, énorme, qui gisait dans la plaine, borne dressée entre des champs pour en écarter les procès. Douze hommes choisis, tels que la terre en produit aujourd'hui, pourraient à peine le soulever sur leur cou ; mais lui, ce héros, le saisit de sa main frémissante et, le brandissant de toute sa hauteur, court sur son adversaire. Mais qu'il coure ou qu'il marche, qu'il soulève dans ses mains ou fasse mouvoir ce roc monstrueux, il ne se reconnaît pas lui-même, ses genoux fléchissent, son sang s'est glacé et se fige. La pierre, projetée par lui, et roulant dans le vide, n'a pu franchir tout l'espace ni porter le coup.

(...) Alors mille pensées tournoient dans son cœur ; il regarde les Rutules et la ville ; l'effroi le rend hésitant. (...)

Pendant qu'il hésite, Énée brandit le trait fatal, guettant le moment et la place favorables et, de loin, avec toute la force de son corps il lance. Jamais machine de guerre ne jeta de pierre plus bruyante ; jamais la foudre ne fit en éclatant un pareil fracas. Le javelot vole comme un noir tourbillon, chargé d'une terrible mort : il perce le bord du bouclier formé de sept lames, l'extrémité de la cuirasse et traverse en sifflant le milieu de la cuisse. Frappé, Turnus ploie le jarret et tombe à terre, énorme. Les Rutules se dressent en poussant un gémissement ; toute la montagne environnante y répond et au loin les bois profonds le renvoient. Turnus à terre lève les yeux et suppliant tend sa main dans un geste d'imploration : « Oui, je l'ai mérité ; je ne demande pas grâce, use de ta chance, dit-il. Je t'en conjure, si quelque souci d'un père misérable peut te toucher, – songe à ce que fut pour toi ton père Anchise. Rends-moi aux miens, ou, si tu le préfères, rends-leur mon corps dépouillé de la vie. Tu as été vainqueur, et les Ausoniens ont vu le vaincu te tendre les mains. Lavinie est ton épouse. Que ta haine n'aille pas plus loin. » Debout, frémissant sous ses armes, Énée, le regard incertain, retint son bras. Il hésitait de plus en plus ; les paroles de Turnus avaient commencé à le fléchir lorsqu'il aperçut et reconnut sur lui, au sommet de l'épaule, le funeste baudrier et les lanières aux clous étincelants du jeune Pallas, de celui que Turnus avait vaincu, blessé, terrassé et dont il portait sur les épaules l'insigne ennemi. La vue de ce trophée, de ce monument d'une douleur cruelle, l'enflamma de fureur, et terrible de colère : « Quoi, tu m'échapperais recouvert de la dépouille des miens ? C'est Pallas qui par ma main, c'est Pallas qui t'immole et se venge dans ton sang de sa scélératesse. » En disant ces mots, il lui plongea son épée dans la poitrine avec emportement. Le froid de la mort glace les membres de Turnus, et son âme indignée s'enfuit en gémissant chez les ombres.

Virgile, L'Énéide
Traduction d'André Bellesort
Éd. Les Belles Lettres

Les
Métamorphoses

Orphée et Eurydice, par Poussin, Musée
du Louvre, © Photo R.M.N.

INTRODUCTION

Ce poème – en quinze livres – est composé de récits empruntés principalement à la mythologie grecque ; certains s'inspirent, cependant, de légendes proche-orientales et romaines.

Ces légendes qui concernent le plus souvent des métamorphoses d'êtres humains en plantes, animaux ou végétaux offrent au lecteur une image fluide et mouvante du monde ; un monde d'apparences où triomphe le regard du poète sensible avant tout aux miroitements infinis des êtres et des choses.

Même si, dès l'ouverture du poème, Ovide souligne son dessein de conter les métamorphoses « depuis les lointaines origines du monde jusqu'à [son] temps », c'est-à-dire l'époque d'Auguste, la chronologie du livre n'est que légendaire. Ces histoires mythiques s'enchaînent en réalité selon un jeu subtil d'associations et d'oppositions. Aussi vaut-il mieux entrer dans ces pages comme dans un univers musical qui s'adresse avant tout à l'imagination et à l'émotion. Là est sans nul doute leur « charme » singulier.

DEUCALION ET PYRRHA

En ce temps-là, sur toute la terre, les hommes étaient devenus si violents et si pervers que Jupiter décida d'anéantir le genre humain sous les eaux.

Seuls, Deucalion et sa femme Pyrrha furent épargnés par le déluge. Ils rendirent aussitôt grâce aux dieux et se dirigèrent vers le temple de la déesse Thémis pour lui demander comment repeupler la terre.

La déesse touchée rendit cet oracle : « Éloignez-vous du temple, voilez-vous la tête, détachez la ceinture de vos vêtements et jetez derrière votre dos les os de votre grand-mère. »

Ils restèrent longtemps interdits ; la première, Pyrrha rompt le silence et refuse d'obéir aux ordres de la déesse ; d'une voix tremblante elle la supplie de lui pardonner si elle n'ose outrager l'ombre de sa mère en jetant ses os çà et là. Cependant ils réfléchissent à la réponse de l'oracle, qu'enveloppe une si profonde obscurité, et ils la retournent en tous sens dans leur esprit.

Et alors, Deucalion comprit le sens caché de l'oracle.

– « Notre grand-mère, c'est la terre ; les pierres, dans le corps de la terre, sont, j'en suis convaincu, ce qu'il appelle ses os ; voilà ce qu'il nous ordonne de jeter derrière notre dos. » Quoique cette interprétation ébranle la fille du Titan, elle hésite à espérer, tant ils se défient tous les deux des instructions célestes ; mais que leur en coûtera-t-il d'essayer ? Ils s'éloignent, se voilent la tête, dénouent leur tunique et, comme ils en ont reçu l'ordre, lancent des pierres derrière leurs pas. Ces pierres (qui le croirait, si l'Antiquité ne l'attestait ?) perdent leur dureté et leur apparence rigide, elles s'amollissent peu à peu et, en s'amollissant, prennent une nouvelle forme. Puis elles s'allongent, leur nature s'adoucit et on peut y reconnaître jusqu'à un certain point, quoique vague encore, la figure humaine, telle qu'elle commence à sortir du marbre, à peine ébauchée et toute pareille aux statues imparfaites. La partie de ces pierres où quelques sucs liquides se mêlent à la terre devient de la chair ; ce qui est solide et ne peut fléchir se change en os ; ce qui était veine subsiste sous le même nom ; dans un bref espace de temps, comme l'avaient voulu les dieux, les pierres lancées par des mains masculines prirent la forme d'un homme et le sexe féminin dut une nouvelle vie à celles qu'une femme avait jetées. Voilà pourquoi nous sommes une race dure, à l'épreuve de la fatigue ; nous donnons nous-mêmes la preuve de notre origine première.

DAPHNÉ

Daphné est une jeune chasseresse, fille du dieu-fleuve Pénée, en Thessalie (Grèce). Insensible à l'amour, elle ne se plaît que dans la solitude des bois.

Souvent son père lui a dit : « Tu me dois un gendre, ma fille. » Souvent encore son père lui a dit : « Tu me dois des petits-enfants, ma fille. » Mais elle, comme s'il s'agissait d'un crime, elle a horreur des torches conjugales ; la rougeur de la honte se répand sur son beau visage et, ses bras caressants suspendus au cou de son père, elle lui répond : « Permets-moi, père bien-aimé, de jouir éternellement de ma virginité ; Diane l'a bien obtenu du sien. » Il consent ; mais tu as trop de charmes, Daphné, pour qu'il en soit comme tu le souhaites et ta beauté fait obstacle à tes vœux. (...)

Un jour, alors qu'il venait d'être frappé par les flèches de Cupidon, Phébus aperçoit Daphné. Aussitôt son cœur s'embrase.

Comme le chaume léger s'embrase, après qu'on a moissonné les épis, comme une haie se consume au feu d'une torche qu'un voyageur, par hasard, en a trop approchée ou qu'il y a laissée, quand le jour paraissait déjà ; ainsi le dieu s'est enflammé ; ainsi il brûle jusqu'au fond de son cœur et nourrit d'espoir un amour stérile. Il contemple les cheveux de la nymphe flottant sur son cou sans ornements : « Que serait-ce, dit-il, si elle prenait soin de sa coiffure ? » Il voit ses yeux brillants comme les astres ; il voit sa petite bouche, qu'il ne lui suffit pas de voir ; il admire ses doigts, ses mains, ses poignets et ses bras plus qu'à demi nus ; ce qui lui est caché il l'imagine plus parfait encore. Elle, elle fuit, plus rapide que la brise légère ; il a beau la rappeler, il ne peut la retenir par de tels propos :

« Ô nymphe, je t'en prie, fille du Pénée, arrête ; ce n'est pas un ennemi qui te poursuit ; ô nymphe, arrête. Comme toi, l'agnelle fuit le loup ; la biche, le lion ; les colombes, d'une aile tremblante, fuient l'aigle ; chacune, leur ennemi ; moi, c'est l'amour qui me jette sur tes traces. Quel n'est pas mon malheur ! Prends garde de tomber en avant ! Que tes jambes ne subissent pas, indignement blessées, la marque des ronces et que je ne sois pas pour toi une cause de douleur ! Le terrain sur lequel tu te lances est rude ; modère ta course, je t'en supplie, ralentis ta fuite ; moi-même je modérerai ma poursuite. Apprends cependant qui tu as charmé ; je ne suis pas un habitant de la montagne, ni un berger, un de ces hommes incultes qui surveillent les bœufs et les moutons. Tu ne sais pas, imprudente, tu ne sais pas qui tu fuis. (...)

J'ai pour père Jupiter ; c'est moi qui révèle l'avenir, le passé et le présent ; moi qui marie le chant aux sons des cordes. Ma flèche frappe à coup sûr ; une autre cependant frappe plus sûrement encore, c'est celle qui a blessé mon cœur, jusqu'alors exempt de ce mal. La médecine est une de mes inventions ; dans tout l'univers on m'appelle secourable et la puissance des plantes m'est soumise. Hélas ! il n'y a point de plantes capables de guérir l'amour et mon art, utile à tous, est inutile à son maître. »

Il allait en dire davantage, mais la fille du Pénée, continuant sa course éperdue, a fui et l'a laissé là, lui et son discours inachevé, toujours aussi belle à ses yeux ; les vents dévoilaient sa nudité, leur souffle, venant sur elle en sens contraire, agitait ses vêtements et la brise légère rejetait en arrière ses cheveux soulevés ; sa fuite rehausse encore sa beauté. Mais le jeune dieu renonce à lui adresser en vain de tendres propos et, poussé par l'Amour lui-même, il suit les pas de la nymphe en redoublant de vitesse. (...) [Entraîné par les ailes de l'amour], déjà il se penche sur les épaules de la fugitive, il effleure du souffle les cheveux épars sur son cou. Elle, à bout de forces, a blêmi ; brisée par la fatigue d'une fuite si rapide, les regards tournés vers les eaux du Pénée : « Viens, mon père, dit-elle, viens à mon secours, si les fleuves comme toi ont un pouvoir divin ; délivre-moi par une métamorphose de cette beauté trop séduisante. »

À peine a-t-elle achevé sa prière, qu'une lourde torpeur s'empare de ses membres ; une mince écorce entoure son sein délicat ; ses cheveux qui s'allongent se changent en feuillage ; ses bras, en rameaux ; ses pieds, tout à l'heure si agiles, adhèrent au sol par des racines incapables de se mouvoir ; la cime d'un arbre couronne sa tête ; de ses charmes il ne reste plus que l'éclat. Phébus cependant l'aime toujours ; sa main posée sur le tronc, il sent encore le cœur palpiter sous l'écorce nouvelle ; entourant de ses bras les rameaux qui remplacent les membres de la nymphe, il couvre le bois de ses baisers ; mais le bois repousse ses baisers. Alors le dieu : « Eh bien, dit-il, puisque tu ne peux être mon épouse, du moins tu seras mon arbre ; à tout jamais tu orneras, ô laurier, ma chevelure, mes cithares, mes carquois ; tu accompagneras les capitaines du Latium, quand des voix joyeuses feront entendre des chants de triomphe et que le Capitole verra venir à lui de longs cortèges. Tu te dresseras, gardienne fidèle, devant la porte d'Auguste et tu protégeras la couronne de chêne suspendue au milieu ; de même que ma tête, dont la chevelure n'a jamais connu le ciseau, conserve sa jeunesse, de même la tienne sera toujours parée d'un feuillage inaltérable. » Péan avait parlé ; le laurier inclina ses branches neuves et le dieu le vit agiter sa cime comme une tête.

PHAÉTON

Parce qu'il veut prouver à tous ses camarades que Jupiter est bien son père, Phaéton lui demande, en gage d'amour, de lui laisser conduire le char du Soleil.

La tâche que tu demandes, Phaéton, est grande ; elle ne convient ni à tes forces ni à ton jeune âge. Ton destin est d'un mortel, ton ambition d'un immortel. Et encore, il n'est pas permis aux dieux d'obtenir un tel honneur ; dans ton inconscience, tu dépasses leurs prétentions ; que chacun d'eux soit fier de sa puissance, j'y consens ; mais aucun ne peut se tenir sur le char qui porte la flamme, excepté moi. (...)

La première partie de la route est escarpée et, le matin, mes chevaux, tout frais encore, ne la gravissent qu'avec peine ; au milieu du ciel, elle est à une telle hauteur que moi-même, bien souvent, je ne vois pas sans crainte la mer et la terre et que mon cœur ému palpite d'effroi ; la dernière partie est en pente, elle exige la direction d'une main sûre. (...)

Ajoute que le ciel est emporté par un tourbillon incessant, qu'il entraîne les astres élevés et les fait tourner à une vitesse vertigineuse. (...) Suppose que je te confie mon char ; que feras-tu ? pourras-tu lutter contre la rotation des pôles et empêcher que l'axe des cieux ne t'emporte dans son élan ?

Peut-être t'imagines-tu trouver là-haut des bois sacrés, des villes habitées par des dieux, des sanctuaires pleins de riches offrandes ; il faut avancer parmi des pièges et des figures de bêtes sauvages.

Pendant qu'il en est temps encore, modère tes vœux. Ainsi pour pouvoir te croire issu de mon sang tu demandes un gage certain ? Je te donne un gage certain par ma crainte ; mes alarmes paternelles prouvent assez que je suis ton père. (...)

Là s'arrêtèrent les avis du dieu ; cependant, rebelle à ce discours, le jeune homme persiste dans son projet et brûle du désir de monter sur le char. (...)

Alors le dieu répand sur le visage de son fils une essence divine qui doit lui permettre de défier la flamme dévorante ; il couronne de rayons la chevelure du jeune homme ; puis, exhalant de sa poitrine inquiète des soupirs qui présagent son deuil, il lui dit :

« Si tu peux obéir au moins à ces derniers conseils de ton père, ménage l'aiguillon, mon enfant, et use plus fortement des rênes ; mes chevaux galopent d'eux-mêmes ; la difficulté est de contenir leur ardeur. Ne choisis pas pour ta route la ligne droite qui coupe les cinq zones ; il y a un sentier tracé obliquement qui décrit une large courbe et qui, ne dépassant pas trois zones, évite le pôle austral et la Grande Ourse, unie aux aquilons ; c'est par là qu'il te faut prendre ; tu y verras les traces apparentes de mes roues. Afin de distribuer au ciel et à la terre une chaleur égale, n'abaisse pas trop ta course et ne la pousse pas non plus par un trop grand effort vers les sommets de l'éther. Si tu t'égares trop haut, tu brûleras les célestes demeures ; trop bas, la terre ; le milieu est pour toi le chemin le plus sûr. (...)

Phaéton s'empare du char, bien léger sous ce corps juvénile ; il s'y place debout, tout joyeux de toucher de ses mains les rênes qui lui sont confiées, et de là il rend grâce à son père, qui lui cède à regret. Cependant les rapides coursiers du Soleil, Pyrois, Éoüs, Éthon et Phlégon, le quatrième, remplissent les airs de leurs hennissements et de leur souffle enflammé et ils frappent de leurs pieds les barrières. (...) De leurs pieds agités dans les airs, ils fendent les nuages qui leur font obstacle et, enlevés par leurs ailes, ils dépassent l'Eurus, né dans les mêmes régions. Mais le char était léger ; les chevaux du Soleil ne pouvaient le reconnaître ; le joug n'avait plus son poids ordinaire. (...)

On dirait un char vide. Dès que le quadruple attelage s'en est aperçu, il se précipite, abandonne la piste battue et ne suit plus la même direction qu'auparavant. Phaéton s'épouvante ; il ne sait de quel côté tirer les rênes confiées à ses soins ; il ne sait de quel côté est son chemin et, quand il le saurait, il ne pourrait commander aux coursiers. (...)

Quand le malheureux Phaéton, du haut de l'éther, jeta ses regards sur la terre qui s'étendait si bas, si bas au-dessous de lui, il pâlit ; une terreur subite fit trembler ses genoux et les ténèbres, au milieu d'une si grande lumière, couvrirent ses yeux. Maintenant il aimerait mieux n'avoir jamais touché aux chevaux de son père. (...)

Les Métamorphoses

Que pourrait-il faire ? Derrière lui il a déjà laissé un vaste espace du ciel ; devant ses yeux un autre s'étend, plus vaste encore ; sa pensée les mesure tous les deux. (...) Ne sachant à quoi se résoudre, il demeure stupide ; il ne peut ni relâcher, ni serrer les rênes ; il ne connaît pas les noms des chevaux. Mille prodiges épars çà et là, dans les diverses régions du ciel, et des figures d'animaux monstrueux qui s'offrent à sa vue le font trembler d'effroi. Il est un lieu où le Scorpion creuse ses pinces en deux arcs ; fléchissant sa queue et ses bras arrondis de chaque côté, il couvre de ses membres l'espace de deux signes.

Quand le jeune homme l'aperçut, tout dégouttant d'un noir venin, prêt à frapper de son dard recourbé, il perdit l'esprit et, glacé de crainte il lâcha les rênes.

À peine sont-elles tombées, flottantes, sur la croupe des chevaux qu'ils sortent de la carrière ; libres du frein, ils vont à travers les airs d'une région inconnue, partout où leur fougue les pousse, ils se ruent au hasard. Ils s'élancent jusqu'aux étoiles fixées dans les hauteurs de l'éther et ils entraînent le char à travers les abîmes. Tantôt ils montent vers les sommets, tantôt par des descentes et des précipices ils tombent dans des espaces voisins de la terre. (...)

Alors Phaéton voit l'univers tout entier en flammes ; il ne peut supporter une chaleur si violente ; il respire un air embrasé comme par une fournaise profonde ; il sent son char s'échauffer jusqu'à blanchir ; les cendres et les étincelles lancées autour de lui deviennent intolérables et il est enveloppé de tous les côtés par une fumée ardente. Où va-t-il ? Où est-il ? Au milieu des ténèbres de poix qui obscurcissent ses regards, il n'en sait plus rien et il se laisse emporter par ses coursiers ailés.

Alors, pour arrêter la course folle du quadrige, Jupiter le foudroie...

Les chevaux épouvantés bondissent en sens contraire ; ils retirent leur cou du joug, brisent leurs harnais et s'y dérobent. Ici gisent les rênes, là l'essieu arraché du timon ; ailleurs sont épars sur un large espace les rayons des roues brisées et les restes du char mis en pièces.

Phaéton, sa chevelure rutilante ravagée par la flamme, roule précipité à travers les airs, où il laisse en passant une longue traînée, semblable à celle que produit parfois une étoile au milieu d'un ciel serein, lorsque sans tomber en effet, elle peut paraître tomber. Bien loin de sa patrie, dans l'hémisphère opposé, il est reçu par le grand Éridan, qui baigne son visage fumant. Les Naïades de l'Hespérie déposent dans un tombeau son corps qui fume, consumé par la flamme aux trois dards, et elles inscrivent ces vers sur la pierre : « Ci-gît Phaéton, conducteur du char de son père ; s'il ne réussit pas à le gouverner, du moins il est tombé victime d'une noble audace. »

Les Métamorphoses

PERSÉE ET ATLAS

Persée est le fils de Jupiter et de Danaé, princesse légendaire.

Après avoir tranché la tête de Méduse, l'une des trois Gorgones, le héros revient en Grèce, en passant par le pays d'Atlas, l'un des Titans, fils de Japet.

Au déclin du jour, craignant de se confier à la nuit, [Persée] s'arrête sur les cimes de l'Hespérie, dans le royaume d'Atlas ; il demande à y prendre un peu de repos, jusqu'à ce que Lucifer appelle les feux de l'Aurore, et l'Aurore le char du jour. Là vivait ce souverain qui surpassait tous les hommes par sa taille gigantesque, Atlas, fils de Japet ; il tenait sous ses lois les extrémités de la terre ainsi que la mer qui ouvre ses flots aux coursiers haletants du Soleil et reçoit son char fatigué. Mille troupeaux de brebis et autant de troupeaux de bœufs erraient dans ses pâturages ; il n'avait près de ses terres aucun voisin pour en limiter l'espace. Sur ses arbres des feuilles qui resplendissaient de l'éclat de l'or couvraient des rameaux d'or et des fruits d'or : « Étranger, lui dit Persée, si tu es sensible à la gloire d'une illustre naissance, je suis né de Jupiter ; si tu admires les grandes actions, tu admireras les miennes ; je te demande l'hospitalité et le repos. » Le roi se souvenait de ce vieil oracle que Thémis avait rendu sur le Parnasse : « Un temps viendra, Atlas, où tes arbres seront dépouillés de leur or et où un fils de Jupiter recueillera l'honneur d'en avoir fait sa proie. » Dans cette crainte, Atlas avait enfermé ses vergers entre de solides murailles, il en avait confié la garde à un énorme dragon et il repoussait de ses frontières tous les étrangers. Il répondit aussi à Persée : « Va-t'en d'ici ; autrement la gloire des grandes actions que tu t'attribues mensongèrement et Jupiter lui-même ne te serviraient de rien. » Aux menaces il ajoute la violence ; de ses propres mains il essaie de chasser le héros qui hésitait et mêlait dans ses paroles la douceur à la fermeté. Persée n'était pas assez fort pour résister (qui pourrait en effet égaler la force d'Atlas ?) : « Eh bien, dit-il, puisque tu tiens si peu à mon amitié, reçois ta récompense » ; et, se détournant, il lui présente du côté gauche la face hideuse de Méduse. Dans toute sa hauteur

Atlas est changé en montagne ; sa barbe et ses cheveux deviennent des forêts, ses épaules et ses bras des coteaux ; ce qui fut sa tête se dresse au sommet de la montagne ; ses os se transforment en pierres. Puis son corps agrandi dans tous les sens prend un immense développement (telle est, ô dieux, votre volonté) et le ciel avec tous ses astres repose tout entier sur lui.

LES PAYSANS DE LYCIE

Latone a été exilée du monde par Junon. Même sur le point d'enfanter, la déesse ne put obtenir le plus modeste refuge. Delos, qui était alors une île flottante, la prit en pitié. Mais devenue mère (d'Apollon et de Diane), Latone dut reprendre son errance, avec ses deux enfants.

[Latone] était parvenue sur le territoire de la Lycie, patrie de la Chimère ; un jour que le soleil accablait les campagnes d'une lourde chaleur, la déesse, épuisée par une longue fatigue, fut prise, sous les feux de l'astre, d'une soif ardente ; ses enfants avides avaient tari le lait de ses mamelles. Il advint alors qu'elle aperçut au fond de la vallée un étang de médiocre étendue ; des paysans y cueillaient l'osier fertile en rejetons, le jonc et l'algue chère aux marais. La fille du Titan s'approche et, fléchissant le genou, elle se penche sur la terre, pour puiser dans les eaux fraîches de quoi se désaltérer. Les manants le lui défendent ; la déesse répond en ces termes à leur défense : « Pourquoi m'interdire cette eau ? L'usage de l'eau est permis à tout le monde.

La nature n'a pas voulu que le soleil, l'air et l'onde fluide fussent la propriété d'un seul ; je suis venue jouir d'un bien commun à tous ; et pourtant je vous demande en suppliant de m'en faire don. Je ne voulais pas y baigner mes membres ni mon corps fatigué, mais apaiser ma soif. Tandis que je parle, ma bouche n'a plus de salive et mon gosier desséché livre à peine un passage à ma voix. Une gorgée d'eau sera pour moi un nectar ; je reconnaîtrai que je vous dois la vie ; car vous m'aurez donné la vie en me donnant cette eau. Laissez-vous toucher aussi par ces enfants, qui de mon sein vous tendent leurs petits bras. » Il se trouvait, en effet, que ses enfants tendaient alors les bras. Qui aurait pu n'être point touché par les douces paroles de la déesse ? Cependant ils persistent, malgré sa prière, à la repousser ; par des menaces ils veulent la contraindre à s'éloigner et ils ajoutent encore des injures. Ce n'est point assez ; eux-mêmes, avec leurs pieds et leurs mains, ils troublent les eaux de l'étang et, du fond de son lit, par méchanceté, ils soulèvent la vase molle en sautant de-ci de-là. La colère a fait oublier sa soif à la fille de Céus ; elle cesse de supplier des gens qui n'en sont pas dignes et ne se résigne pas à tenir plus long-temps un langage humiliant pour une déesse ; levant les mains vers les astres : « Puissiez-vous vivre éternellement, dit-elle, dans votre étang ! » Le souhait de la déesse est exaucé : ils trouvent un plaisir à rester dans les ondes ; tantôt ils plongent tout leur corps au fond de l'eau dormante ; tantôt ils montrent la tête, parfois ils nagent à la surface ; souvent ils se posent sur la rive de l'étang ; souvent ils rentrent d'un bond dans leurs humides et froides retraites. Mais ils fatiguent encore leurs vilaines langues à quereller et, quoique cachés sous les eaux, effrontément, jusque sous les eaux, ils essaient de l'outrager. Leur voix est devenue rauque, leur gorge est enflée par l'effort de leur souffle et les injures qu'ils lancent distendent leur large bouche béante. Leur tête rejoint leurs épaules et leur cou dis-paraît ; leur échine se colore de vert ; leur ventre, la plus grosse partie de leur corps, est désormais tout blanc ; ce sont de nou-veaux êtres, qui sautent dans les profondeurs bourbeuses, des grenouilles.

Les Métamorphoses

DÉDALE ET ICARE

À la demande de Minos, roi de Crète, Dédale construisit le Labyrinthe pour emprisonner le Minotaure ; mais il montra aussi à Ariane comment aider Thésée à en sortir.
Furieux de cette complicité, le roi Minos emprisonna Dédale, et son fils Icare, dans le Labyrinthe.

Dédale, las de la Crète et d'un long exil, sentait renaître en lui l'amour du pays natal ; mais la mer le retenait captif : « Minos, dit-il, peut bien me fermer la terre et les eaux ; le ciel au moins m'est ouvert. C'est par là que je passerai ; quand Minos serait le maître de toutes choses, il n'est pas le maître de l'air. » Ayant ainsi parlé, il s'applique à un art jusqu'alors inconnu et soumet la nature à de nouvelles lois. Il dispose des plumes à la file en commençant par la plus petite ; de sorte qu'une plus courte soit placée à la suite d'une plus longue et qu'elles semblent s'élever en pente ; c'est ainsi qu'à l'ordinaire vont grandissant les tuyaux inégaux de la flûte champêtre. Puis il attache ces plumes au milieu avec du lin, en bas avec de la cire et, après les avoir ainsi assemblées, il leur imprime une légère courbure pour imiter les oiseaux véritables. Le jeune Icare se tenait à ses côtés ; ignorant qu'il maniait les instruments de sa perte, le visage souriant, tantôt il saisissait au vol les plumes qu'emportait la brise vagabonde, tantôt il amollissait sous son pouce la cire blonde et par ses jeux il retardait le travail merveilleux de son père. Quand l'artisan a mis la dernière main à son ouvrage, il cherche à équilibrer de lui-même son corps sur ses deux ailes et il se balance au milieu des airs qu'il agite. Il donne aussi ses instructions à son fils : « Icare, lui dit-il, tiens-toi à mi-hauteur dans ton essor, je te le conseille : si tu descends trop bas, l'eau alourdira tes ailes ; si tu montes trop haut, l'ardeur du soleil les brûlera. Vole entre les deux. Je t'engage à ne pas fixer tes regards sur le Bouvier, sur Hélice et sur l'épée nue d'Orion : prends-moi pour seul guide de ta direction. » En même temps il lui enseigne l'art de voler et il adapte à ses épaules des ailes jusqu'alors inconnues. Au milieu de ce travail et de ces recommandations, les joues du vieillard se mouillent de larmes ; un tremblement agite ses mains paternelles. Il donne à son fils des baisers qu'il ne devait pas renouveler et, s'enlevant d'un coup d'aile, il prend son vol en avant, inquiet pour son compagnon, comme l'oiseau qui des hauteurs de son nid a emmené à travers les airs sa jeune couvée ; il l'encourage à le suivre, il lui enseigne son art funeste et, tout en agitant ses propres ailes, il regarde derrière lui celles de son fils. Un pêcheur occupé à tendre des pièges aux poissons au bout de son roseau tremblant, un berger appuyé sur son bâton, un laboureur sur le manche de sa charrue les ont aperçus et sont restés saisis ; à la vue de ces hommes capables de traverser les airs, ils les ont pris pour des dieux. Déjà sur leur gauche était Samos, chérie de Junon (ils avaient dépassé Délos et Paros) ; sur leur droite étaient Lébinthos et Calymné fertile en miel, lorsque l'enfant, tout entier au plaisir de son vol audacieux, abandonna son guide ; cédant à l'attrait du ciel, il se dirigea vers des régions plus élevées. Alors le voisinage du soleil dévorant amollit la cire odorante qui fixait ses plumes ; et voilà la cire fondue ; il agite ses bras dépouillés ; privé des ailes qui lui servaient à ramer dans l'espace, il n'a plus de prise sur l'air ; sa bouche, qui criait le nom de son père, est engloutie dans l'onde azurée à laquelle il a donné son nom. Mais son malheureux père, un père qui ne l'est plus, va criant : « Icare, Icare, où es-tu ? en quel endroit dois-je te chercher ? » Il criait encore « Icare ! » quand il aperçut des plumes sur les eaux ; alors il maudit son art et il enferma dans un tombeau le corps de son fils ; la terre où celui-ci fut enseveli en a gardé le nom.

*

Perdix

Pendant qu'il déposait dans un tombeau le corps de son malheureux fils, la perdrix babillarde l'aperçut du fond d'une rigole boueuse ; elle applaudit d'un battement d'ailes et manifesta sa joie par ses chants ; elle était alors l'unique oiseau de son espèce ; on n'en avait point vu de semblable dans les années antérieures. Récemment revêtue de cette forme, elle devait être pour toi, Dédale, un perpétuel reproche. En effet, ignorant les arrêts du destin, la sœur de Dédale lui avait confié l'instruction de son fils, un enfant dont on avait célébré douze fois le jour de naissance et qui était capable de bien profiter des leçons d'un maître. Ce fut même lui qui, ayant remarqué chez les poissons l'arête du milieu et l'ayant prise pour modèle, tailla dans un fer acéré une série de dents et inventa la scie. Il fut aussi le premier qui unit l'un à l'autre par un lien commun deux bras de fer, de sorte que, toujours séparés par la même distance, l'un restait en place, tandis que l'autre traçait un cercle. Dédale, jaloux de lui, le précipita du haut de la citadelle de Minerve, puis il répandit le bruit mensonger d'une chute accidentelle ; mais Pallas, protectrice du génie, le reçut dans ses bras ; elle en fit un oiseau et, au milieu même des airs, le couvrit de plumes. La vigueur de son esprit, jadis si prompt, a passé dans ses ailes et dans ses pieds ; il a gardé son ancien nom. Pourtant cet oiseau ne s'élève jamais beaucoup ; il ne fait pas son nid sur des branches ou sur de hautes cimes ; il voltige près de terre et il dépose ses œufs dans les haies ; se souvenant de son ancienne chute, il redoute les hauteurs.

PHILÉMON ET BAUCIS

Il y a sur la colline de Phrygie, à côté d'un tilleul, un chêne entouré d'un petit mur. Non loin de là est un étang... Jupiter y vint sous les traits d'un mortel. Le petit fils d'Atlas accompagnait son père. Dans mille maisons, ils demandèrent un lieu où se reposer ; dans mille maisons, on ferma les verrous. Une seule les accueillit...

Dans cette cabane une pieuse femme, la vieille Baucis, et Philémon, du même âge qu'elle, se sont unis au temps de leur jeunesse ; dans cette cabane ils ont vieilli ; ils ont rendu leur pauvreté légère en l'avouant et en la supportant sans amertume. (...)

Donc, aussitôt que les habitants des cieux sont arrivés à ces modestes pénates et que, baissant la tête, ils en ont franchi l'humble porte, le vieillard les invite à se reposer et leur offre un siège sur lequel Baucis attentive a jeté un tissu grossier. Ensuite elle écarte dans le foyer les cendres encore tièdes, elle ranime le feu de la veille, l'alimente avec des feuilles et des écorces sèches et son souffle affaibli par l'âge en fait jaillir la flamme ; elle apporte de son hangar du bois fendu et des ramilles desséchées et les brise en menus morceaux qu'elle met sous un petit chaudron de bronze. Son mari avait été cueillir des légumes dans le jardin bien arrosé ; elle les dépouille de leurs feuilles ; puis, avec une fourche à deux dents, elle détache d'une noire solive, où il était suspendu, le dos enfumé d'un porc ; dans cette viande depuis longtemps conservée, elle taille une tranche mince et la plonge, pour l'attendrir, dans l'eau bouillante.

Cependant, ils charment par leurs entretiens les instants qui séparent encore leurs hôtes du repas. (...) Ils secouent leur matelas garni des algues moelleuses du fleuve et posé sur un lit dont le cadre et les pieds étaient en saule. Ils le recouvrent d'un tapis qu'ils n'y étendaient que les jours de fête. (...) Les dieux se couchent là-dessus.

Tremblante, [Baucis] place une table devant eux, [et] l'essuie avec des menthes vertes. Elle y pose des baies de la chaste Minerve, de deux couleurs différentes, des cornouilles d'automne, conservées dans de la saumure liquide, des endives, des raiforts, du lait pressé en une masse compacte, des œufs retournés d'une main légère sous la cendre tiède, le tout servi sur des plats de terre. Ensuite on apporte un cratère [en terre cuite] et des coupes taillées dans le hêtre, dont les flancs creux sont enduits d'une cire dorée. Bientôt après, arrivent du foyer les mets chauds. On emporte le vin (...) et on le met quelques instants à l'écart (...). Alors paraissent des noix, des figues mêlées à des dattes ridées, des prunes, des pommes parfumées dans de larges corbeilles et des raisins cueillis sur des vignes aux feuilles de pourpre. Au milieu est un blanc rayon de miel ; mais à tout cela s'ajoute ce qui vaut mieux encore, des visages bienveillants et un accueil qui ne sent ni l'indifférence ni la pauvreté.

Cependant, les deux époux s'aperçoivent que le cratère bien souvent vidé se remplit tout seul et que le vin y remonte de lui-même ; ce prodige les frappe d'étonnement et de crainte ; les mains levées vers le ciel, Baucis et Philémon alarmés récitent des prières ; ils s'excusent de ce repas sans apprêts. Ils avaient une oie, une seule, gardienne de leur humble cabane ; ils se disposent à l'immoler à leurs hôtes divins ; l'oiseau, grâce à ses ailes rapides, fatigue leurs pas alourdis par l'âge ; il leur échappe longtemps ; enfin ils le voient se réfugier auprès des dieux eux-mêmes. Ceux-ci défendent de le tuer : « Oui, disent-ils, nous sommes des dieux ; vos voisins subiront le châtiment que mérite leur impiété ; vous, vous serez exemptés de leur désastre ; quittez seulement votre toit, accompagnez nos pas et montez avec nous sur le sommet de la montagne. » Tous deux obéissent et, appuyés sur des bâtons, ils gravissent avec effort la longue pente. (...)

En tournant les yeux, ils voient qu'un étang a tout englouti ; seule leur maison est encore debout. Tandis qu'ils s'étonnent de ce prodige, tandis qu'ils déplorent le sort de leurs voisins, cette vieille cabane, trop petite même pour ses deux maîtres, se change en un temple. Des colonnes ont remplacé ses poteaux fourchus ; le chaume jaunit et on voit apparaître un toit doré ; la porte est ornée de ciselures, des dalles de marbre couvrent le sol. Alors le fils de Saturne s'exprime ainsi avec bonté : « Vieillard, ami de la justice, et toi, digne épouse d'un juste, dites-moi ce que vous souhaitez. » Après s'être entretenu un instant avec

Baucis, Philémon fait connaître aux dieux leur choix commun : « Être vos prêtres et les gardiens de votre temple, voilà ce que nous demandons ; et, puisque nous avons passé notre vie dans une parfaite union, puisse la même heure nous emporter tous les deux ! » (...)

Leurs vœux se réalisèrent ; ils eurent la garde du temple aussi longtemps que la vie leur fut accordée. Un jour que, brisés par l'âge, ils racontaient l'histoire de ce lieu, Baucis vit Philémon se couvrir de feuilles, le vieux Philémon vit des feuilles couvrir Baucis. Déjà une cime s'élevait au-dessus de leurs deux visages ; tant qu'ils le purent, ils s'entretinrent l'un avec l'autre : « Adieu, mon époux ! Adieu mon épouse ! » dirent-ils en même temps, et en même temps leurs bouches disparurent sous la tige qui les enveloppait. Aujourd'hui encore l'habitant du pays de Thynos montre deux troncs voisins, nés de leurs corps.

PYGMALION

Témoin de l'existence criminelle qu'elles avaient menée, et révolté des vices dont la nature a rempli le cœur des femmes, Pygmalion vivait sans compagne, célibataire ; jamais une épouse n'avait partagé sa couche. Cependant, grâce à une habileté merveilleuse, il réussit à sculpter, dans l'ivoire blanc comme la neige, un corps de femme d'une telle beauté que la nature n'en peut créer de semblable, et il devint amoureux de son œuvre. C'est une vierge qui a toutes les apparences de la réalité ; on dirait qu'elle est vivante et que, sans la pudeur qui la retient, elle voudrait se mouvoir ; tant l'art se dissimule à force d'art. Émerveillé, Pygmalion s'enflamme pour cette image ; souvent il approche ses mains du chef-d'œuvre pour s'assurer si c'est là de la chair ou de l'ivoire et il ne peut encore convenir que ce soit de l'ivoire. Il donne des baisers à sa statue et il s'imagine qu'elle les rend ; il lui parle, il la serre dans ses bras. (...) Il la pare aussi de beaux vêtements ; il met à ses doigts des pierres précieuses, à son cou de longs colliers ; à ses oreilles pendent des perles légères, sur sa poitrine des chaînettes. Tout lui sied et, nue, elle ne semble pas moins belle. Il la couche sur des tapis teints de la pourpre de Sidon ; il l'appelle sa compagne de lit et il pose son cou incliné sur des coussins de plumes moelleuses, comme si elle pouvait y être sensible. (...)

Le jour était venu où Chypre tout entière célébrait avec éclat la fête de Vénus. (...) L'encens fumait de toutes parts ; alors, après avoir déposé son offrande, Pygmalion, debout devant l'autel, dit d'une voix timide : « Ô dieux, si vous pouvez tout accorder, donnez-moi pour épouse, je vous en supplie, (il n'ose pas dire : la vierge d'ivoire) une femme semblable à la vierge d'ivoire. » Vénus, parée d'or, qui assistait elle-même à sa fête, comprit ce que signifiait cette prière.

De retour chez lui, l'artiste va vers la statue de la jeune fille ; penché sur le lit il lui donne un baiser ; il croit sentir que ce corps est tiède. De nouveau il en approche sa bouche, tandis que ses mains tâtent la poitrine ; à ce contact, l'ivoire s'attendrit ; il perd sa dureté, il fléchit sous les doigts ; il cède ; ainsi la cire de l'Hymette s'amollit au soleil ; ainsi, façonnée par le pouce, elle prend les formes les plus variées et se prête à de nouveaux services, à force de servir. L'amant reste saisi ; il hésite à se réjouir, il craint de se tromper ; sa main palpe et palpe encore l'objet de ses désirs ; c'était bien un corps vivant. (...)

Ovide, *Les Métamorphoses,*
trad. de Georges Lafaye,
coll. Folio, Gallimard.

Dossier
pédagogique

LE MONDE JUDÉO-CHRÉTIEN

La Bible

I. Les lieux de la Bible

Entre l'Asie Mineure et le désert d'Arabie, le Croissant fertile a été le creuset des grandes civilisations du Moyen-Orient antique. L'histoire racontée dans la Bible se déroule dans ce cadre géographique et culturel (cf. programme d'histoire 6ᵉ).

Le croissant fertile

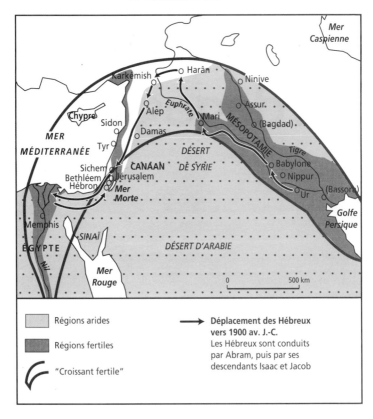

Régions arides	→ Déplacement des Hébreux vers 1900 av. J.-C.
Régions fertiles	Les Hébreux sont conduits par Abram, puis par ses
"Croissant fertile"	descendants Isaac et Jacob

II. L'histoire des Hébreux : repères chronologiques

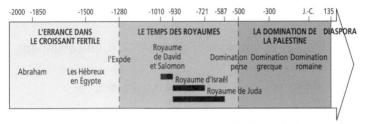

(in Magnard. Planétaires 6ᵉ)

III. Comment vous repérer dans la Bible ?

Pour chercher (ou pour retrouver) un épisode biblique précis, vous avez besoin des références suivantes :

1. Le nom du **Livre** ——————→   JOB
ex. : JOB

Première épreuve de job

2. Le numéro du **chapitre** ——→
ex. : n° 1

> [1] ¹Il y avait au pays de Ouç un homme du nom de Job. Il était, cet homme, intègre et droit, craignait Dieu et s'écartait du mal. ²Sept fils et trois filles lui étaient nés. ³Il possédait 7 000 moutons, 3 000 chameaux, 5 000 paires de bœufs, 500 ânesses et une très nombreuse domesticité. Cet homme était le plus grand de tous les fils de l'Orient. ⁴Or ses fils allaient festoyer les uns chez les autres à tour de rôle, et ils conviaient leurs trois sœurs à manger et à boire.

3. Le(s) numéro(s) ——————→
du (ou des) **verset(s)** (division d'un texte sacré en paragraphes très courts, numérotés, offrant un sens complet).

(Job 1, 1-4)

Applications

Où chercherez-vous les passages suivants ?
1. Dans l'Ancien Testament :
a. Genèse 7, 1-12.
b. Josué 6, 12-20.
c. Juges *16*, 4-22.

2. Dans le Nouveau Testament :
a. Luc *15*, 11-22.
b. Matthieu 6, 22-23.

IV. Figures et scènes bibliques de l'Ancien Testament

Adam et Ève chassés du Jardin d'Éden, pp. 10-11

■ *Lexique*

1. **Adam :** le premier homme créé par Dieu mais aussi le père de toute l'humanité.
2. **Ève :** la compagne d'Adam. Symbole de la femme – mère de tous les humains.
Adam et Ève auront trois fils : Caïn, Abel et Seth.
3. **Le Serpent :** il est présenté comme « la plus astucieuse des bêtes des champs que le Seigneur-Dieu avait faites ». Il représente le Mal ; la puissance de la tentation.
4. **Le Jardin d'Éden** est appelé « *paradis* » dans la version grecque de la *Bible*.
Situé « *à l'Orient* », ce lieu évoque plus une notion qu'un lieu géographique précis. L'Éden symbolise, en effet, un état d'innocence et d'harmonie ; une représentation idéalisée de l'humanité.

■ *Lecture et expression*

1. Le thème de la tentation
a. Dieu a établi Adam et Ève dans le Jardin d'Éden pour le cultiver et le garder, mais à quelle condition ?
b. Comment le Serpent s'y prend-il pour amener Ève à transgresser l'interdit ? Quelles paroles du Serpent vous paraissent les plus tentatrices ?

2. Le châtiment de Dieu
a. Dieu prononce une série de punitions. À qui s'adresse chacune d'elles ?
b. Pour la femme et pour l'homme, relevez, successivement, les images de souffrance qui vous frappent le plus.

3. Le thème du paradis perdu
Chassés du Jardin d'Éden, que perdent l'homme et la femme (au sens collectif du mot) ?

Caïn et Abel, p. 12

■ *Lexique*

Deux images de l'humanité :
Caïn : fils aîné d'Adam et Ève, voué à l'agriculture.
　　　Figure de l'homme révolté.
Abel : fils cadet d'Adam et Ève.
　　　Figure de la victime innocente.

■ *Lecture et expression*

1. Comment comprenez-vous ces expressions :
a. Suis-je le gardien de mon frère ? (aidez-vous du dictionnaire)
b. Ma peine est trop lourde à porter.

2. Le thème de la révolte
Après la révolte de l'homme (toujours au sens collectif du mot) contre Dieu, c'est ici la lutte de l'homme contre l'homme.

3. Les deux frères :
a. Pourquoi Abel a-t-il la préférence de Dieu ?
b. Entre Abel et Caïn, deux manières de vivre s'opposent. Donnez-en quelques exemples.

■ *Prolongement thématique*

Dans *La Légende des Siècles,* de Victor Hugo, lisez le poème « *La conscience* ».
Relevez les éléments étrangers au récit biblique.

Abraham, pp. 13-14

■ *Lexique*

1. Patriarche : nom donné dans l'Ancien Testament aux chefs de famille, Abraham, Isaac et Jacob, reconnus comme les ancêtres du peuple hébreu. Ils sont caractérisés par une longévité et une fécondité extraordinaires.
ex. : Abraham meurt à 175 ans.
2. Le Temps des Patriarches : depuis Abraham jusqu'à Moïse.
3. Abram devient **Abraham**, qui signifie « père d'une multitude ».

■ *Lecture et expression*

1er texte (*La Genèse* 12, 1-7)

1. Dans quel pays, dans quelle ville, vivait Abraham ? (Situez-les sur la carte p. 114.) Quel ordre reçoit-il de Dieu ?
2. Quel arrachement suppose cet appel ?
3. En retour, quelles promesses Dieu fait-il à Abraham ?
4. Situez le pays de Canaan sur la carte p. 114. Expliquez pourquoi ce territoire est également appelé « *La Terre promise* ».
5. À l'aide de la carte p. 114, décrivez l'itinéraire suivi par Abraham.

2e texte (*La Genèse* 17, 1-7)

6. Quelle *alliance*, c'est-à-dire quel pacte, Dieu établit-il avec Abraham ? Au-delà du patriarche, quel est le peuple bénéficiaire de ce pacte d'alliance ?

Moïse, pp. 15 à 18

■ *Lexique*

1. **Un prophète** [pro, « *avant* » ou « *au nom de* » ; phêmi, « *je parle* » → Celui qui parle au nom de Dieu].
Dans la Bible, le prophète est celui qui perçoit clairement le présent et les conséquences qui en découlent.

2. **Moïse** : prophète à qui Dieu confie la mission de libérer un peuple. Il est le fondateur de la religion et de la nation d'Israël.

■ *Lecture et expression*

1. La naissance de Moïse. Son enfance
Racontez, avec vos mots, cette naissance peu ordinaire.

2. Le Passage de la mer Rouge
a. Quel est le motif du départ des Hébreux ? Vers quelle date peut-on, historiquement, le situer ?
b. Quels sont les trois grands moments de ce récit ?
c. Qui, selon ce récit, protège les Hébreux ?
d. En quoi cet épisode apparaît-il comme un acte de libération ?
e. Relevez quelques détails caractéristiques du récit épique (voir définition de l'épopée p. 125).

Le Passage de la mer Rouge est considéré par le peuple d'Israël comme un moment à part dans son histoire. La **fête de la Pâque juive** commémore cette fameuse nuit de libération. Recherchez au C.D.I. en quoi consiste cette fête ; quels en sont les rituels.

Lire, en particulier, dans *la Bible, la nuit de la Pâque, Exode* 12, 1-41.

Le jugement de Salomon, pp. 19-20

■ *Lecture et expression*

1. Quels traits de caractère de Salomon révèle l'histoire racontée ?

2. Comment définiriez-vous l'expression « c'est un jugement de Salomon » ? Comparez votre définition à celle du dictionnaire Le Robert ou Larousse.

■ *Prolongement thématique*

Lisez « *Visite de la reine de Saba* » au roi Salomon (*Premier Livre des Rois* X 1-13).

a. C'est toujours le thème de la sagesse du roi qui est au centre de cette visite. Relevez quelques exemples.

b. La figure de la reine de Saba inspire nombre d'œuvres dont le conte de Nodier « *La Fée aux miettes* », que vous pouvez également lire...

Jonas, pp. 21-22

■ *Lexique*

1. Le *Livre de Jonas* doit son nom au « héros » de l'histoire que vous venez de lire. Jonas est l'un des douze petits prophètes de la *Bible*.

2. **Une prophétie :** La tradition chrétienne voit dans ce récit une préfiguration de la mise au tombeau et de la Résurrection. C'est en quoi ce récit est une *prophétie* (= ce qui est prédit par un prophète). Derrière la fable se cache un enseignement symbolique.

■ *Lecture et expression*

1. Quelle mission a été confiée à Jonas ? Sait-on, précisément, pourquoi Jonas la refuse ?

2. Où situez-vous Ninive ? (Aidez-vous de la carte p. 114.). À quel empire appartient la ville ? Quelle est la religion de ses habitants ?

3. Relevez dans le récit :

a. des éléments fantastiques.

b. des éléments réalistes.

4. Quels sont les deux thèmes dominants de la prière de Jonas ?

5. Combien de temps Jonas séjourne-t-il dans le ventre de la baleine ?

V. Figures et scènes bibliques du Nouveau Testament

• **Les Évangiles** sont des témoignages sur la vie de Jésus. Ils sont au nombre de quatre. Évangile selon Matthieu, Marc, Luc et Jean.

Les trois premiers racontent sensiblement les mêmes événements : ils sont dits « synoptiques ».

• Les quatre évangélistes sont souvent représentés accompagnés d'un symbole :

– l'ange pour Matthieu

– le lion pour Marc

– le taureau pour Luc

– l'aigle pour Jean.

L'Annonciation, p. 27

■ *Lexique*

1. Nazareth en Galilée : situez ces lieux sur une carte au C.D.I.

2. L'ange Gabriel : Le nom d'ange désigne une fonction, celle de messager. Les anges transmettent la parole ou les ordres de Dieu.

Ils sont, parfois, désignés par des prénoms en rapport avec leur mission. L'ange Gabriel révèle les secrets de Dieu.

Dans le *Coran*, c'est Gabriel qui transmet à Mahomet le message divin.

3. Marie : Mère de Jésus, épouse de Joseph. (Dans le récit de l'Annonciation elle n'est encore que la fiancée de Joseph.)

De Joseph, l'on sait qu'il était charpentier et habitait Nazareth. D'après la tradition, la mère de Marie s'appelle Anne, son père Joachim.

1. Le message de l'ange Gabriel : résumez-le.
2. Que vous apprend le texte sur *Jésus* ?

Pour des croyants de la tradition chrétienne, le message de l'ange Gabriel à Marie annonce le :

mystère	de	l'**Incarnation**
↓		↓
ce qui ne peut être compris par la raison humaine.		Dieu est devenu homme en la personne de Jésus. = union du divin et de l'humain.

Adoration des Mages, p. 28

■ *Lexique*

1. **Jésus :** Figure centrale des *Évangiles*. Fondateur du christianisme. Il est né à Bethléem, en Judée (cf. carte p. 114) sous le règne d'Hérode le Grand en 4 ou 5 avant notre ère. Les historiens fixent sa mort en 28-29 de notre ère.

2. **Les mages :** Chefs religieux de Perse, astrologues, dit-on, ils interprétaient songes et phénomènes naturels. Ce n'est qu'au ixe siècle, en Europe, qu'on les représente comme des rois : Melchior, Balthazar et Gaspard. À partir de la Renaissance, la tradition les représente respectivement comme un Européen, un Africain et un Asiatique (représentation des trois continents alors connus).

Les présents des Mages sont symboliques des parfums et richesses d'Arabie.

Dans la tradition chrétienne, la visite des Mages symbolise l'annonce de la naissance de Jésus au monde entier.

■ *Lecture et expression*

Le thème de la *Nativité* : naissance de Jésus.

a. Quelle fête, dans notre calendrier, commémore cet événement ?

b. Quelle autre fête commémore la visite des Mages et leurs offrandes au nouveau-né ? Précisez la date.

c. Comparez ce récit avec celui de *la naissance de Jésus et de la visite des bergers* dans l'*Évangile de Luc*.

*

La parabole du Semeur, p. 29

■ *Lexique*

Une parabole est « un récit imagé » qui illustre un enseignement moral ou une vérité. Toute parabole est susceptible de recevoir plusieurs interprétations.
À l'origine, la parabole appartient à la littérature orale.

■ *Lecture et expression*

1. Analysez la parabole :
a. À quoi est comparée la parole de Dieu ?
b. Qui est le semeur ?
c. Que représente la terre ? Ou plus exactement les différents terrains qui reçoivent la semence ?
d. Quelles sont les différentes hypothèses envisagées ?
ex. : Si les grains tombent au bord du chemin... (qu'advient-il ?...)
ex. : Si le terrain est pierreux...
2. Lisez la parabole du *bon Samaritain* p. 30.
3. Recherche au C.D.I. ou en bibliothèque
a. Lisez *L'explication de la parabole du Semeur* faite par Matthieu (cf. *Évangile de Matthieu,* 13, 1-9).
b. Lisez également *L'Enfant prodigue, Évangile de Luc,* 15, 11-32, *Les talents, Évangile de Matthieu,* 25, 14-30.

Les Noces de Cana, p. 31

■ *Lecture et expression*

1. Résumez ce récit.
2. Confrontez-le avec le tableau de Véronèse « *Les Noces de Cana* » (Le Louvre, Paris) dont vous trouverez une reproduction dans un dictionnaire de peinture ou un livre d'art sur Véronèse, un des grands peintres italiens du XVIᵉ.

La vision de la Femme et du dragon, p. 32

■ *Lexique*

Apocalypse : transcription d'un mot grec qui signifie « révélation » (de choses cachées). L'auteur reçoit ses révélations sous forme de « visions » (véritables tableaux fantastiques) chargés d'une valeur symbolique.

L'Apocalypse de Jean, dernier livre du Nouveau Testament a probablement été écrit à la fin du Ier siècle de notre ère. La tradition attribue ce texte à l'apôtre Jean, exilé à Patmos (île grecque).

■ *Lecture et expression*

1. Distinguez les deux « *visions* ». Donnez-leur un titre. Résumez-les oralement.

2. Quelles allusions à d'autres scènes de la *Bible* pouvez-vous retrouver dans ce récit ?

■ *Prolongement thématique*

Recherchez, au C.D.I. des représentations de l'Apocalypse dans l'art.

ex. : • Les tapisseries de l'Apocalypse d'Angers.
• Rosace de la Sainte Chapelle à Paris.

LE MONDE GRÉCO-ROMAIN

Le monde gréco-romain est principalement celui que constitue la littérature antique à partir de - 272 avant notre ère. Cette date marque deux victoires : celle que les armées romaines remportèrent sur les Grecs en Italie du Sud à Tarente et celle que la littérature grecque remporta sur les Romains.

Les Romains n'avaient pas encore de littérature tandis que la littérature grecque existait depuis plusieurs siècles. Les Romains se créèrent la leur sur le modèle des chefs-d'œuvre qu'ils découvrirent, émerveillés : non seulement ils s'en inspirèrent tout en préservant leur propre identité, mais ils en assurèrent la renommée, qui ne cesse de s'étendre, même après l'avènement de la littérature chrétienne dont les quatre Évangiles et les Lettres de Paul, écrits en grec, sont les textes les plus anciens (Premier siècle après J.-C.).

Les grandes dates de la littérature jusqu'à l'époque d'Auguste

	Grec			Latin		
	Épopée	Théâtre	Poésie	Épopée	Théâtre	Poésie
VIIIe s.	Homère : *Iliade* *Odyssée*					
VIIe s.			Hésiode : *Théogonie, les Travaux et les jours*			
VIe s.	Hymnes homériques		Pindare : *Odes*			
Ve s.		Eschyle Sophocle Euripide Aristophane				
IVe s.		Ménandre				
IIIe s.	Callimaque Apollonios de Rhodes		Théocrite	L. Andronicus *Odyssée*	Ennius Plaute	
IIe s.					Térence	
Ier s.				Virgile : *Énéide* Ovide : *Les Métamorphoses*		Lucrèce Virgile Horace Tibulle Properce Ovide

L'univers de l'épopée

L'épopée est à l'origine, comme son étymologie l'indique, un récit oral ; « épos », en grec, veut dire parole.

Le poème épique relate une histoire digne de passer à la postérité comme le fut la légende de la guerre de Troie.

Fixée par l'écriture dans l'Athènes du VIe siècle avant notre ère, l'épopée est devenue le premier genre littéraire qui a inspiré la littérature occidentale. Les dieux y interviennent à côté d'êtres d'exception, les héros, qui surmontent les obstacles les plus invraisemblables et les plus terrifiants. L'atmosphère est merveilleuse, comme dans les contes, le style majestueux le plus souvent.

Les textes récités avaient une structure particulière qui permettait au récitant, comme au public, de les mémoriser et de suivre aisément le déroulement de l'histoire : reprise systématique d'un vers stéréotypé pour annoncer l'entrée en scène d'un personnage et permettre de le reconnaître ; recours à un répertoire de formules.

▮ Lexique

L'aède : Le mot vient du verbe grec « chanter ». Il désigne le poète qui racontait les aventures de l'épopée en s'accompagnant d'une cithare. Il allait de manoir en manoir agrémentant de ses chants les fêtes royales.

Le destin : On désignait ainsi dans l'Antiquité gréco-romaine le sort qui déterminait les événements de la vie de l'homme et contre lequel les dieux eux-mêmes étaient impuissants.

Les dieux : Ce sont des êtres immortels, pouvant prendre une apparence humaine. Ils sont doués de pouvoirs surnaturels. Ils sont répartis en deux catégories : les dieux d'en haut et les dieux d'en bas.

• **Les dieux d'en haut :**

– **Les dieux grecs :** ils sont au nombre de douze ; leurs noms étaient déjà inscrits sur les tablettes mycéniennes ; ils forment une famille divine. Voici ceux qui apparaissent dans l'*Odyssée* : Zeus, le roi des dieux, siège dans l'Olympe avec son frère Poséidon, sa fille, Athéné, et son fils Hermès.

– **Les dieux romains :** ils sont d'origine italienne, ils habitent l'Olympe. Dans l'*Énéide* nous rencontrons Jupiter, le roi des dieux, Junon, son épouse, Vénus, sa fille, Mercure, le messager des dieux, Neptune, dieu de la mer, Mars, dieu de la guerre, Vulcain, dieu du feu. Seul Apollon, fils de Zeus, est d'origine grecque.

• **Les dieux d'en bas ou dieux des Enfers :** dans l'*Odyssée* nous rencontrons Hadès ; dans l'*Énéide* Pluton, Proserpine, assimilée à Perséphone, fille de Zeus, et Hécate, son assistante. Ces dieux romains sont tous d'origine grecque.

Les kères : figures féminines qui incarnent soit la nuit, soit la mort. Elles sont une figure de malheur.

Les êtres monstrueux :
Les Cyclopes : ce sont des géants cruels, dotés d'un seul œil.
Les monstres marins : **Charybde** et **Scylla :** ce sont des êtres à l'origine divins et métamorphosés, par punitions, en monstres. Ils sont devenus des écueils animés et maléfiques.

Les divinités secondaires : immortelles, elles ont une apparence humaine. Leur pouvoir est moins important que celui des autres divinités. Ce sont des nymphes, comme Calypso, ou des magiciennes, comme Circé. Elles vivent souvent dans une île.

Les lieux imaginaires :
Les Enfers : ils accueillent les « Bienheureux » dans les Champs Élysées et châtient les criminels, dans le Tartare.
Les îles :
• *Aiaié :* c'est une île légendaire située près du fleuve Océan, fils d'Ouranos, le ciel, et de Gaia, la Terre.
• *Schérie* abrite les Phéaciens.
• *Ogygie* offre sa grotte à Calypso.

À la découverte de l'Odyssée

I. L'auteur

L'*Iliade* et l'*Odyssée* sont attribuées à Homère ; et pourtant nous ne savons rien sur la vie d'Homère, nous ne sommes même pas certains, de nos jours, qu'il soit l'auteur, ou, tout au moins le seul auteur des vingt sept mille sept cent soixante vers qui constituent l'*Iliade* et l'*Odyssée*.
Remercions les Grecs de l'Antiquité pour lesquels l'existence d'Homère ne faisait aucun doute ; ils situaient sa naissance dans la petite île de Chio, au large de la côte occidentale d'Asie Mineure ; la ferveur qu'ils lui vouèrent n'a d'égale que celle qu'ils mirent à assurer la survie des chefs-d'œuvre dont l'éclat, tout au long des siècles, n'a jamais subi d'éclipse.

II. Le contexte historique

Il est particulièrement difficile de distinguer des réalités historiques précises dans l'*Iliade* et l'*Odyssée*. On peut dire que ces poèmes gardent nécessairement les traces de deux époques principales, éloignées l'une de l'autre d'environ quatre cents ans :

– **L'époque où ils ont été composés** qui remonte au VIIIe siècle avant notre ère. Il s'agit d'une époque en pleine mutation, tournée vers l'avenir, aux innovations considérables. Retenons, par exemple, le développement des voies maritimes et la création de l'écriture. Grâce à celle-ci les Grecs pourront fixer non seulement leurs lois, mais aussi toute une littérature transmise par voie orale. Certains savants se demandent même, en raison de la qualité des textes, si l'*Iliade* et l'*Odyssée* n'auraient pas été écrits dès le VIIIe siècle.

– **L'époque dont ils s'inspirent** : la légendaire guerre de Troie ; c'est l'époque d'une civilisation disparue, dont les fouilles archéologiques « entreprises au XIXe siècle » ont révélé la puissance et l'éclat. Elle fut à son apogée entre 1400 et 1200 avant notre ère. Cette civilisation est appelée civilisation mycénienne parce que Mycènes, très ancienne cité du Péloponnèse, en fut le centre principal. Leurs rois, des chefs achéens, tiraient leur nom de l'Achaïe, région du Péloponnèse où leurs ancêtres s'étaient installés, avant d'être envahis par les Doriens. C'étaient des rois féodaux, qui vivaient dans un cadre très raffiné dont on a retrouvé les traces somptueuses. Ils avaient déjà leur littérature, leur mythologie et leurs dieux ; en effet, ces dieux que les Grecs ont découverts dans Homère sont déjà inscrits sur des tablettes mycéniennes.

Mais ces rois, riches et puissants, étaient surtout des guerriers : ainsi il est vraisemblable qu'ils aient lancé contre Troie, cité en pleine expansion, une expédition dont ils seraient sortis vainqueurs après l'avoir détruite, avant d'être détruits à leur tour.
Ces rois héros, avec leurs dieux, leurs armes, leur or et leurs armures, se retrouvent dans l'*Iliade* et l'*Odyssée*, transfigurés par la poésie, et le pouvoir de la légende de la guerre de Troie qui hante les mémoires.

III. L'Odyssée

1. L'univers de l'aventure

a. Combien d'aventures comporte l'*Odyssée* ; reconstituez-en les étapes en vous aidant du tableau suivant :

		Télémaque	Ulysse
1	D'où partent-ils ?		
2	Dans quel but ?		
3	Qui favorise leur départ ?		
4	Où s'arrêtent-ils ?		
5	Quel(s) obstacle(s) rencontrent-ils ?		
6	Qui favorise leur retour ?		
7	Où se retrouvent-ils ?		
8	Comment se reconnaissent-ils ?		
9	Qui les aide ?		
10	Qui leur fait obstacle ?		
11	Quelle est l'issue de leurs aventures ?		

b. D'autres aventures ne peuvent pas apparaître dans ce tableau. Pourquoi ? Quelles sont-elles ? À quel moment sont-elles racontées ?
– Quelle est, à vos yeux, leur importance dans l'œuvre ?
c. L'Odyssée porte le nom de son héros Ulysse : en vous appuyant sur vos réponses, montrez qu'Ulysse est bien le personnage principal, c'est-à-dire le héros de cette épopée.

2. L'univers épique

a. Un univers extraordinaire et pourtant humain :

• Un univers extraordinaire :
Son atmosphère est enchantée : retrouvez des éléments qui relèvent du « merveilleux ».
– Relevez pp. 37-38-53 des exemples du pouvoir surnaturel des dieux.

– Relevez pp. 37 et 44 des exemples de leurs interventions bienveillantes ou malveillantes.

– Recherchez pp. 49 et 50 des exemples d'êtres étranges ; essayez de les classer : chacun d'eux représente un danger pour le héros. Lequel ?

– Relevez le vocabulaire (champs lexicaux) du mystère, de la magie, de l'éclat pp. 47, 55 et 58.

– Quelles expressions retiendriez-vous dans votre florilège personnel ?

– Relevez le vocabulaire qui transfigure la réalité : ex. p. 38.

• Un univers humain :

– Retrouvez dans le texte des dieux et des héros à visage humain ; relevez pp. 42, 45, 56 et 57 des situations et des comportements qui les rendent proches de nous.

– Recherchez des descriptions de lieux qui renvoient à un univers ordinaire. Isolez en quelques détails p. 54.

b. Un monde de héros :

On dit d'un héros qu'il est à la fois divin et mortel ; (étymologiquement « héros » signifie demi-dieu).

– Recherchez au C.D.I. dans le *Dictionnaire de l'Antiquité* les origines d'Ulysse. De qui a-t-il hérité sa ruse ?

– D'autres traits en font un personnage hors du commun : sa parole charme et trompe. Donnez des exemples pris p. 49 à 51. Quelle est l'expression qui qualifie souvent Ulysse ? À partir de ces indications, faites son portrait.

– Ulysse fait partie de notre humanité : il souffre, il a des faiblesses, il a donc des réactions humaines.

À laquelle êtes-vous le plus sensible ?

3. Le thème du voyage
(le thème prédominant dans l'*Odyssée*)

a. Du côté des personnages :

– Voyagent-ils pour leur plaisir ou y sont-ils contraints ? Vous répondrez à la question en vous reportant aux réponses du tableau p. 129.

– Ces voyages dépeignent différents aspects de l'expérience humaine. Retrouvez des ex. du passage à l'âge adulte p. 39 et 41, de l'épreuve de la séparation p. 44, de l'amertume de la solitude p. 44-45, de la peur de l'inconnu p. 50 et 52.

b. Du côté du lecteur :
– Ces voyages vous communiquent-ils le désir de voyager ? Vous font-ils rêver ? Vous font-ils peur ?
– Retrouvez sur les cartes p. 34-35 les réalités géographiques désignées par des noms imaginaires.
– Montrez que ces voyages sont avant tout maritimes.

4. Au carrefour de l'histoire et de la poésie

Un des charmes de l'*Odyssée* repose sur la présence d'une civilisation disparue depuis déjà quatre siècles à l'époque de sa composition. Cette civilisation était raffinée comme le prouvent les objets d'usage courant et la qualité de vie.
• Relevez des ex. significatifs p. 38, 43, 46 et 47.
• Relevez p. 39, 43, 48, 56 et 57 des traces de chants et de danses ou d'instruments de musique.
c. En quoi La Phéacie représente-t-elle le lieu idéal de la paix, de la bonté et de la beauté ? Relevez-en des ex. pp. 47 et 48 et classez-les.

5. Les valeurs humaines dans l'Odyssée

Sont présents dans le texte le souci de la renommée (p. 39), l'hospitalité (p. 54), l'amour filial et conjugal (p. 55 et 56, 63 et 64), le respect des autres (p. 61).
• À laquelle de ces valeurs êtes-vous le plus sensible ?
• Relevez p. 60 et 61 des exemples qui paraissent les contredire.

À la découverte de l'Énéide

I. L'auteur

Virgile : « le Prophète de Rome » (- 70-19 av. J.-C.)

Virgile est né en 70 avant notre ère, en Gaule Cisalpine (l'actuelle Italie du Nord), aux environs de Mantoue, une ancienne cité étrusque.

D'origine modeste, sans doute paysanne, il doit d'abord sa réussite à de brillantes études qu'il acheva à Rome. Il décide alors de se consacrer exclusivement à la poésie et, tout en restant attentif aux réalités de son temps, s'imprègne des grandes œuvres de la littérature grecque. Ses écrivains préférés : Homère, Hésiode mais aussi Eschyle, Sophocle, Euripide.

Bientôt remarqué pour ses talents de poète, il est introduit dans le cercle des amis cultivés dont s'entoure le futur empereur Auguste (cf. contexte historique ci-dessous). Mécène joue un rôle décisif dans sa carrière poétique. Ses deux premiers recueils, les *Bucoliques* et les *Géorgiques*, révèlent déjà les traits essentiels de son originalité créatrice : son amour de la culture et de la littérature grecques, un attachement sincère à sa terre natale, à son terroir, enfin une grande sensibilité aux problèmes de son temps et au sort de Rome, sa seconde patrie.

C'est à un poète déjà renommé qu'Auguste, devenu "maître du monde", propose de composer une grande épopée, digne de rivaliser avec l'*Iliade* et l'*Odyssée* : l'*Énéide*. Le soin qu'il accorda à cette œuvre lui coûta certainement la vie : parti en Grèce pour y voir de ses yeux les sites qu'il évoquait dans son ouvrage, il mourut à son retour des suites d'une insolation.

Son tombeau, près de Naples, est encore aujourd'hui un lieu de pèlerinage.

II. Le contexte historique

L'*Énéide* a été composée dans une période rayonnante de l'histoire romaine entre - 29 et - 19 ; après bien des années de guerres civiles, Rome conquiert la paix et la gloire ; le mérite en est attribué à Octave, le fils adoptif du général dictateur Jules César dont l'assassinat par les Républicains le 15 mars - 44, avait déclenché la guerre civile. Octave, après avoir exercé contre les Républicains des répressions sanglantes, avait rétabli l'ordre à Rome et, par la victoire d'Actium remportée sur Antoine et Cléopâtre en - 31, il avait assuré la paix dans l'ensemble du monde romain.

Mais l'*Énéide* embrasse aussi sept siècles d'histoire romaine ; on en retrouve les principaux événements gravés sur le bouclier d'Énée, dont les Romains de l'époque pouvaient admirer, sur le forum, la statue représentant le héros portant sur ses épaules « le poids sacré » de son père. Le bouclier condense les moments décisifs de l'histoire de Rome depuis sa fondation légendaire par Romulus en - 753 jusqu'à Caton d'Utique, figure exemplaire de l'ancienne République ; il en incarne les vraies valeurs auxquelles les Romains sont restés très attachés. Au centre du bouclier, resplendit l'avènement de la bataille d'Actium qui consacre la gloire d'Octave et la renaissance de Rome.

III. L'Énéide

1. Le récit dans l'Énéide

a. Le récit linéaire : trois aventures le composent ; dégagez les étapes de chacune d'elles en vous aidant des tableaux suivants et de la carte de votre livre.

1re aventure : De Troie à Carthage (pp. 68 à 70)

1	Pourquoi Énée part-il ?	
2	Où doit-il se rendre ?	
3	Quelle est sa mission ?	
4	Dans quels lieux est-il contraint d'aborder ?	
5	Pourquoi ?	
6	Qui contrarie son destin ?	
7	Qui favorise son arrivée en Italie ?	

1	Quel en est le but ?	
2	Qui en a l'initiative ?	
3	Quels lieux Énée traverse-t-il ?	
4	Qui le guide ?	
5	Qui y retrouve-t-il ?	
6	En quoi cette aventure l'aide-t-elle dans sa mission ?	

3ᵉ aventure : Dans le Latium, mission accomplie (pp. 82 à 88)

1	À quels nouveaux obstacles Énée se trouve-t-il confronté ?	
2	Qui en est à l'origine ?	
3	De quelles aides bénéficie-t-il ?	
4	De quelles qualités fait-il preuve ?	
5	Comment se décide l'arrêt des combats ?	

b. Le récit rétrospectif: (le retour en arrière pp. 73 à 75) : il relate les circonstances dramatiques de la guerre de Troie et les errances d'Énée avant son arrivée à Carthage.

• Qui le raconte ? À quel moment ? À la demande de qui ?

• La guerre de Troie comporte divers épisodes, reconstituez-les à travers le récit qu'en fait Énée. Retrouvez sur la carte, en vous appuyant sur les enchaînement et le texte de la p. 75, les autres lieux du périple d'Énée avant son arrivée à Carthage.

2. L'univers épique

Il ressemble de façon frappante à celui de l'Odyssée, on y retrouve :

• Le merveilleux avec les dieux, les aventures hors du commun, les personnages extraordinaires et l'atmosphère poétique.

134

– Les dieux : la famille divine de l'Odyssée (Zeus, Hermès, Poséidon) apparaît sous sa forme romaine dans l'Énéide. Recherchez-en les noms.

– D'autres divinités romaines entrent en jeu. Lesquelles ?

– Les interventions divines sont diverses (paroles, actions). Énée est un héros d'élection, objet d'attention particulière ; relevez cette attitude des dieux envers lui (pp. 70 et 75).

– Les aventures et les situations hors du commun. Citez celles qui sont les plus remarquables (l'homme confronté à des forces qui le dépassent sur mer, aux Enfers et sur terre p. 68 et 69, 78, 85 à 88.

– Les êtres extraordinaires. Relevez des exemples.

– L'atmosphère poétique. Recherchez dans le texte ce qui crée une impression de mystère, d'horreur, de sacré (p. 77 à 79), ce qui charme (les apparitions féminines pp. 70 et 71).

• Le mélange de l'humain et du divin.

– Montrez que les dieux se comportent comme les hommes.

– Montrez que les hommes peuvent ressembler à des dieux (p. 70 et 71).

3. Une épopée à la gloire de Rome, incarnée dans son héros Énée

a. Un héros digne de l'épopée :

– par sa beauté,
– par sa généalogie divine,
– par sa naissance royale,
– par ses qualités exceptionnelles.

Retrouvez ces signes particuliers dans le texte.

b. Un héros romain

– Il incarne les anciennes valeurs de la République romaine parmi lesquelles, la piété. Cette qualité en réunit plusieurs autres dont les plus importantes sont le respect des traditions et l'amour filial. Trouvez-en des exemples p. 76, 79 à 83. Recherchez ce qui détermine Énée à ne pas faire grâce à Turnus (p. 87).

– Il est investi d'une mission exceptionnelle souvent rappelée. Par qui ? À quelle occasion ?

– Il a l'étoffe d'un personnage qui doit accomplir un grand destin. Justifiez-le, par exemple, lorsqu'il résiste à l'amour de la reine Didon (p. 76).
– Il inspire aux autres du respect. Recherchez des exemples (p. 84 et 85).

4. Les valeurs principales de l'Énéide

a. Le respect des traditions : reportez-vous au discours d'Anchise aux Enfers (p. 79 et 80). Quel héritage moral doit défendre Énée ?
b. L'amour de la patrie. Cherchez des exemples.

À la découverte des Métamorphoses

I. L'auteur

Ovide appartient à la génération des poètes qui suit celle de Virgile. Il est né en 43 av. J.-C. – un an donc après l'assassinat de Jules César – à l'est de Rome, entre le Latium et la Campanie (cf. carte p. 66)
Très jeune, Ovide vient à Rome suivre des études « classiques » comme la plupart des jeunes gens de la haute société romaine. Très tôt, il se fait remarquer pour ses dons poétiques.
À la fin de ses études, Ovide entreprend un long voyage en Asie Mineure, en Grèce et en Sicile. Dans ce monde grec dont il se sent si proche, son regard va s'enchanter de peintures, de sculptures, de paysages... et notamment de scènes mythologiques qu'il transposera dans ses œuvres.
De retour à Rome, Ovide s'engage résolument dans la poésie. Il compose l'*Art d'aimer* et les *Métamorphoses*. Il n'avait pas achevé de revoir les *Métamorphoses*, qu'il doit, sur ordre d'Auguste, quitter Rome pour s'installer à Tomes (actuellement, Constantza, en Roumanie, sur la mer Noire).
Affectivement, le poète vit cet exil avec amertume. Il vivra loin des siens, loin de ses amis et de sa patrie et mourra en 17 après J.-C.

II. Le titre de l'œuvre

1. Cherchez dans un dictionnaire de langue, le 1er sens du nom commun métamorphose.

2. Parmi les récits que vous avez lus, donnez deux exemples de métamorphoses. Pour chacun, précisez : la forme première du « personnage », puis sa forme seconde.

III. Ce qui caractérise un récit de métamorphose

1. Le récit de métamorphose appartient à la *fiction*, c'est-à-dire au domaine de l'imaginaire.

2. Les personnages peuvent être des dieux ou des déesses, des nymphes, des demi-dieux (les héros de la mythologie) mais aussi des animaux, des éléments naturels (un fleuve, une source...).

3. Chaque récit met en scène l'histoire d'une métamorphose qui apparaît le plus souvent comme une punition divine ; quelquefois comme une récompense ou un souhait exaucé. Le récit peut également se présenter comme un « conte » d'origine (ex. Atlas p. 100).
Pour chaque récit, le fil narratif peut être établi, à partir des questions suivantes :

1	* Qui subit la métamorphose ? * À quel monde appartient-il ? (humain, divin, animal, végétal, minéral)
2	Qui en est l'agent ?
3	Quel en est le motif principal ?
4	Quel en est le résultat ? Précisez le changement de forme/Le changement de monde

IV. Récits de métamorphoses

Deucalion et Pyrrha, pp. 91-92

▨ *Lexique*

1. Thémis : Personnification des lois établies et de la justice. On lui attribuait aussi l'invention des oracles et des rites.

De son union avec Zeus, naissent les *Trois Moires* (appelées les *Parques* chez les Romains), les *Heures*, les *Nymphes de l'Éridan...*

2. Un oracle : Dans l'Antiquité, réponse donnée par une divinité à ceux qui la consultaient, dans son sanctuaire (temple, lieu sacré...).

▓ *Lecture et expression*

1. Dans quelles circonstances Deucalion et Pyrrha vont-ils consulter Thémis ? Que lui demandent-ils ?
2. Quel est l'oracle rendu par la déesse ?
a. Citez précisément l'oracle rendu ;
b. Reformulez le sens sacré de cet oracle tel que le comprend Deucalion.
3. Retenez :
   « Un oracle toujours se plaît à se cacher
      Toujours avec un sens il en présente un autre. »
                                        (Racine, *Iphigénie*)

▓ *Recherches au C.D.I.*

À partir d'inondations du Tigre et de l'Euphrate (voir carte p. 114) est né le mythe du *Déluge*, décidé par les dieux, pour punir les hommes.
Lisez et comparez plusieurs versions de ce récit :
Cf. *La Bible* (Genèse 7).
Cf. *L'Épopée de Gilgamesh.*

Daphné, pp. 93-95

▓ *Lexique*

Regroupez sur une fiche, ce que le récit vous apprend sur :
a. Daphné
b. Phébus. (Pour Phébus, consultez ensuite un dictionnaire de la mythologie et précisez son nom grec.)

▓ *Lecture et expression*

1. Quelle prière Daphné adresse-t-elle à son père ? Dans quel but ?
2. Décrivez, élément par élément, la métamorphose de Daphné.

3. D'après ce mythe, quelle a été à Rome la valeur symbolique du laurier ? Comment s'est-elle traduite dans les usages ?

4. À l'aide d'un dictionnaire, recherchez des expressions où *laurier* est employé dans son sens métaphorique (= sens imagé). *Ex. : Les lauriers du vainqueur.*

■ *Prolongements - Recherches au C.D.I.*

a. Lisez *Philémon et Baucis*, pp. 107 à 109. À l'aide du tableau de la page 137, résumez ce récit. Quelle en est sa portée ?

b. Dans les *Métamorphoses* (œuvre complète), que vous trouverez en bibliothèque ou au C.D.I., cherchez d'autres exemples où des êtres humains ou des nymphes sont changés en plante, en arbre ou en fleur...
Ex. : la nymphe Syrinx, Livre I.
Narcisse, Livre III.
Adonis (fin de l'histoire d'Adonis), Livre X.

Phaéton, pp. 96-99

■ *Lexique*

1. L'Éridan : Nom d'un fleuve mythique. Sa situation géographique est variable selon les légendes. Quand la géographie se précisa, il fut identifié tantôt au Rhône, tantôt au Pô (en Italie).

2. Les Naïades de **L'Hespérie**

a. Les naïades sont les nymphes des mers, des fleuves et rivières, des sources. Elles sont des êtres humains, donc mortelles.

b. *L'Hespérie* est synonyme de l'Occident. Là où finit la terre et commence l'océan.

(→ Les Hespérides sont les nymphes du couchant. Elles habitent à l'extrême occident, au bord de l'océan.)

■ *Lecture et expression*

1. La destruction de l'univers par le feu.

a. Quelle est l'ambition de Phaéton ? Quel gage veut-il ainsi donner à ses camarades ?

b. En vous appuyant sur des exemples pris dans le texte, expliquez cette réflexion de Jupiter « *Je te donne un gage certain... que je suis ton père* ».

c. Montrez, à l'aide d'exemples, que Phaéton échoue par inexpérience mais aussi parce qu'il est effrayé par ce qu'il voit.

2. Ci-gît Phaéton, p. 99

a.
En quoi l'expérience de Phaéton n'est-elle pas condamnable ?

b. En quoi son ambition est-elle démesurée, notamment aux yeux de son père ?...

3. Dans quelle mesure peut-on rapprocher ce récit et celui de *Deucalion et Pyrrha* ? (p. 91)

Persée et Atlas, pp. 100-101

Lecture et expression

1. À travers ce récit, qu'avez-vous appris sur Atlas ?
2. En quoi ce récit est-il :
a. un mythe de punition ?
b. un conte d'origine ?
3. Décrivez la métamorphose d'Atlas.
4. Le Jardin des Hespérides : décrivez-le.

Prolongements - Recherches au C.D.I.

a. Vocabulaire. À l'aide d'un dictionnaire de langue, expliquez pourquoi on appelle *atlas* :
• un recueil de cartes de géographie ?
• la première vertèbre cervicale ?
b. Parmi les *douze Travaux d'Hercule* (Héraclès chez les Grecs), lisez « *Les Pommes d'Or des Hespérides* ». Illustrez librement ce récit.

Pygmalion, pp. 110-111

Lecture et expression

1. Pourquoi Pygmalion vivait-il sans compagne ?
2. Dans la suite du récit, Pygmalion devient amoureux... Expliquez ce changement de situation.
3. Relevez quelques détails qui traduisent les sentiments amoureux de Pygmalion. Que représente la statue, à ses yeux ?
4. Quelle prière Pygmalion adresse-t-il à Vénus, le jour de sa fête ?
5. « *De retour chez lui, l'artiste* »... racontez la fin du récit.

a. Faites des recherches sur *Galatée* et sa fille *Paphos*.
b. Pygmalion devient amoureux de sa *création*. Lisez au Livre X des *Métamorphoses*, le récit de *Myrrha* qui, elle, aime son *créateur*.

V. Et pour conclure sur les Métamorphoses...

Quel sens attribuer à ces récits ?

Dans les *Métamorphoses*, Ovide a recours à la fable pour expliquer l'origine des choses et les mystères de l'univers. Mais le projet du poète est peut-être à lire dans les propos prêtés au célèbre mathématicien Pythagore, dans le dernier livre des *Métamorphoses* :

[Sachons] qu'il n'y a rien de stable dans l'univers entier : tout passe, toutes les formes ne sont faites que pour aller et venir. Le temps lui-même s'écoule d'un mouvement continu, ni plus ni moins qu'un fleuve ; car un fleuve ne peut s'arrêter, l'heure rapide pas davantage ; le flot pousse le flot ; celui qui va devant est pressé par celui qui vient derrière et presse celui qu'il a devant lui ; ainsi les heures fuient et d'un cours toujours égal en suivent d'autres, elles se renouvellent sans cesse. Ce qui était ne compte plus ; ce qui n'était pas arrive à l'existence, tout instant fait place à un autre.

Nos corps eux-mêmes se transforment continuellement, sans relâche. Ce que nous avons été, ce que nous sommes, nous ne le serons plus demain. (...)

Seul, résiste au Temps, le phénix qui incarne la figure du Poète.

Il y a un oiseau, un seul, qui se renouvelle et se recrée lui-même ; les Assyriens l'appellent le phénix. Il ne vit ni de grains ni d'herbes, mais des larmes de l'encens et du suc de l'amome. À peine a-t-il accompli les cinq siècles assignés à son existence qu'aussitôt, posé sur les rameaux ou la cime oscillante d'un palmier, il construit un nid avec ses ongles et son bec pur de toute souillure. Là il amasse de la cannelle, des épis du nard odorant, des morceaux de cinname, de la myrrhe aux fauves reflets ; il se couche au-dessus et termine sa vie au milieu des parfums. (Livre XV)

OUVERTURES ET PROLONGEMENTS

Autour de la Bible

1) Lectures sur le Proche-Orient antique

En bibliothèque, ou au C.D.I., vous pouvez lire quelques pages des livres suivants :

a. **Pour la Mésopotamie**
L'Épopée de Gilgamesh, trad. et adaptation Azrié, Berg international (récit du déluge, quête de l'immortalité associée au thème du serpent...).

b. **Pour l'Égypte ancienne :**
– Hymne au soleil d'Akhénaton
– Hymne à la gloire de Râ
– La légende d'Osiris (in *Livre des morts des anciens Égyptiens*, trad. Kolpaktchy/Dervy).
Ces trois extraits sont cités dans *Poche Méditerranée*, Éditions Magnard (pp. 30 à 37).

2) Recherches iconographiques

Présence de la *Bible* dans l'art.
Pour répondre à une curiosité personnelle ou pour illustrer certains passages de la Bible, vous pouvez rechercher quelques-unes des reproductions suivantes :
* *La création de l'homme* - Michel-Ange
* *Adam et Ève* - Lucas Cranach - Albert Dürer
* *Caïn tuant Abel* - Rubens
* • *Moïse* - Michel-Ange - Botticelli (scènes de la vie de Moïse)
   • *Moïse sauvé des eaux* - Poussin - Maurice Denis
   • *La Traversée de la mer Rouge* - Chagall
* *Le jugement de Salomon* - Poussin
* *Jonas rejeté par la baleine* - J. Bruegel
* *L'Annonciation* - Fra Angelico - M. Grünewald (Retable d'Issenheim, à Colmar)
* *La Nativité - L'adoration des bergers* - Georges de La Tour
* *L'adoration des Mages* - A. Dürer
* *La Cène* - Léonard de Vinci

Autour des épopées

1) La présence du mythe

Les mythes de l'Antiquité gréco-romaine sont des récits littéraires, c'est-à-dire que nous les connaissons grâce à des œuvres littéraires dont les principales sont l'*Iliade* et l'*Odyssée*, les *Métamorphoses*. Ce sont des récits imaginés dont il est difficile de vérifier l'exactitude. Mais tous contiennent un fond de *vérité humaine* qui les rend toujours *actuels,* si bien qu'on peut dire qu'ils ne se « démodent » jamais.

Dans chacune des trois œuvres le mythe assure une fonction particulière, ainsi :

– L'*Odyssée* présente un mythe de la nostalgie : relevez des exemples pp. 42, 44 et 64 où Ulysse exprime le désir du retour au pays.

– L'*Énéide* repose sur un mythe politique, elle exalte la fondation d'une cité ; relevez-en des exemples précis pp. 79 et 80.

– Les *Métamorphoses* illustrent la fonction explicative du mythe. À la fin de Deucalion et Pyrrha, p. 92, notez le passage de l'emploi du passé simple, temps du récit, à celui du présent de vérité générale.

2) Prolongements linguistiques

Vérifiez dans un dictionnaire le sens des mots suivants et illustrez-les dans une phrase de votre choix : une odyssée, un travail de Pénélope, un oracle, une muse, un propos sibyllin, tomber de Charybde en Scylla, un cerbère, un cheval de Troie, un dédale, une furie.

3) Prolongements historiques

a. Carthage et Rome, deux cités rivales : relisez p. 76 les imprécations de Didon à Énée et retrouvez dans le *Guide romain antique* l'histoire des longues guerres qui ont secoué de 264 à 202 avant notre ère ces deux villes.
Peut-on dire que les imprécations de la reine se sont réalisées ?

b. En observant les motifs qui ornent le bouclier d'Énée, reconstituez, avec l'aide de votre professeur d'histoire, les grandes étapes de l'histoire romaine jusqu'à l'avènement d'Auguste.

c. Octave Auguste : Quelles raisons permettent d'appeler la période où vécurent Virgile et Ovide « l'époque augustéenne » ?

TABLE DES MATIÈRES

Conception couverture : J.-L. Liennard
Illustration de couverture : Édimédia
Compogravure : Paris PhotoComposition

N° d'Éditeur : 98/094 - Dépôt légal : Février 1998
Imprimerie Pozzo Gros Monti S.p.A. - Turin - Italie